날마다 하나님의 임재 속으로 들어가요!

달려라, 암송열차

| **김은경** 지음 |

쿰란출판사

추천사

형통한 삶이 보장된 인생

성경은 인간의 근원이 어디며, 인생이 어디로 가는지를 알려주고 있습니다. 인간들이 추구하는 진정한 복이 무엇이며 참으로 형통한 인생이 무엇인지를 알려주며 그 길을 제시하고 있습니다.

성경은 구약과 신약으로 되어 있는데, 구약은 타락한 인류를 구원하시기 위하여 하나님이 보내시는 메시아(구원자)가 이 땅에 오실 것을 예언하고, 신약은 오신 그분이 예수 그리스도이심을 증거하며, 그분이 길이요, 진리요, 생명이심(The Way, True and Life; 요 14:6)을 나타내며 누구든지 믿는 자에게 영생이 보장되는 약속이 분명히 있음을 보여줍니다.

성경에서 가장 분량이 많은 책, 시편은 인간에게 있어서 복이 무엇인지, 형통한 삶이 무엇인지를 알려주는데, 충성스런 믿음의 딸 김은경 집사님은 평신도로서 전주안디옥교회의 제자훈련 선택강좌에서 성경을 가르치는 강사이며 말씀에 깊이 매료되어 세상에서 맛볼 수 없는 하늘의 신비한 세계를 체험하고 귀한 하나님의 말씀인 성경이 넓고 방대하지만, 우리 민족이 조상적부터 사용해 온 한자를 통해 66권각권마다 이해가 쉽고 간략하게 모든 내용을 꿰뚫는 《보물의 향연》이라는 저술을 통하여 한자권에서 생활하는 사람들에게 놀라운 영향력을 끼치셨습니다.

이제 그 하나님의 말씀이 암송되고, 묵상되어져서 말씀이 육신을 이루시는 역사를 이루기 위하여 매일 성경을 암송하므로 깊은 은혜를 누리고 계십니다. 하나님의 말씀은 살아 있고 활력이 있어 좌우에 날선 어떤 검보다도 예리하여 혼과 영과 및 관절과 골수를 찔러 쪼개기까지 하며 또 마음의 생각과 뜻을 판단하시기에(히 4:12) 말씀은 우리를 축복합니다.

복이 있는 사람은 말씀을 즐거워하고, 그것을 낮이나 밤이나 묵상한다고(시 1:2) 하며 그 사람은 시냇가에 심은 나무가 철을 따라 열매를 맺으며 그 잎사귀가 마르지 아니함 같으니 그가 하는 모든 일이 다 형통한다고(시 1:3) 설명하듯이 김은경 집사님의 《달려라, 암송열차》는 모든 분들에게 형통의 길을 안내할 것입니다.

2014년 7월 1일

전주안디옥교회 담임

박진구 목사(Daniel J. Park, Ph.D.)

서문

할렐루야!

살아 계신 하나님께 감사와 모든 영광을 올립니다.

첫 번째 책은 교육용 도서라 좀 어렵고 대중적이지 못하지만 과정상 꼭 필요해서 소중하고, 두 번째 책은 널리 두루 퍼질 수 있다며 몇 년 전 미리 언약의 말씀을 주셔서 소망을 갖게 하셨던 것이 너무도 생생하여, 그 말씀 속 허락하심을 붙들고 밤이나 낮이나 기도하며 2년 정도를 자석에 끌리듯 원고를 살피고 또 살펴온 것을 생각하니 이내 감동이 북받쳐 오릅니다.

우리가 어떤 목적지에 도달하려면 여러 가지 탈 것들이 있습니다. 선택은 각자의 몫인데 하나님 나라도 마찬가지라고 생각됩니다. 말씀의 본체이신 하나님께서 원하시는 대로 생명과를 선택하여 순종하다 보면 정말 그분과 날마다 교제할 수 있는 아주 정확하고 빠른 놀라운 방법이 있습니다.

저 혼자만 이 모든 즐거움과 놀라움을 보물과 비밀로 간직하며 누리는 것은 하나님께서 원하시는 방법이 아닌 것 같아 통로가 되어 조금이라도 함께 나누고자 졸필이나마 이렇게 출판하게 되었음을 큰 기쁨으로 생각합니다.

힘이 드시더라도 날마다 큐티하는 것처럼 이 책을 통해 저와 함께 되새김하며 암송해서 먼저 그리스도의 보혈로 정결케 되고 하나님과의 관계가 회복되어 살아 계신 하나님의 권능과 역사들을 생생히 체험하는 날들을 만들어 땅끝까지 복음 전파의 지경을 확장해 나가면 좋겠습니다.

구원의 역사는 하나님 주권입니다. 아무 힘없이 폭우에 휩쓸려가는 우리를 건져주신 이후로 우리가 무작정 복과 은혜만 받으려 충만 충만 요구하며 '막달라' 신앙을 고집한다면 평생 교회의 마당만 밟고 다니게 될 것입니다. 오직 말씀과 기도의 양 날개를 잡고 그리스도 안에 온전히 거할 때만이 날마다 또 다른 구원을 이룰 수 있고 깊은 임재의 능력을 비로소 얻어 현 시대 가나안의 문화를 거뜬히 이기며 담대히 선포하며 살아갈 수 있음을 또한 마음에 새겨야 할 것입니다. 그래서 이 세상 끝날 심판대 앞에 섰을 때 "방법을 잘 몰라서 그랬노라" 변명하지 않는, 주의 신실한 자녀들이 되었으면 합니다.

> "불이 강처럼 흘러 그 앞에서 나오며 그를 섬기는 자는 천천이요 그 앞에서 모셔 선 자는 만만이며 심판을 베푸는데 책들이 펴 놓였더라"
> (단 7:10)

"내 백성이 지식이 없어 망하는도다 네가 지식을 버렸으니 나도 너를 버려 내 제사장이 되지 못하게 할 것이요 네가 네 하나님의 율법을 잊었으니 나도 네 자녀를 잊어버리리라 그러므로 우리가 여호와를 알자 힘써 여호와를 알자 그의 나타나심은 새벽 빛같이 어김없나니 비와 같이 땅을 적시는 늦은 비와 같이 우리에게 임하시리라 하니라" (호 4:6, 6:3)

마지막으로 이 글을 쓸 수 있도록 부르짖는 기도로 중보해주신 전주 안디옥교회 담임목사님 내외분과 세상과 구별되어 그리스도 안에서 교정 자체부터 아주 꼼꼼하게 살피시며 도움을 주신 쿰란출판사 관계자 분들께 하나님 나라와 그 의를 확장시켜 징검돌 역할을 해주심에 큰 감사를 보냅니다.

이 책과 더불어 그리스도 안에서 말씀을 암송함으로 온전히 하나님의 마음을 세세히 살피며 알아가는 귀한 참그리스도인들이 우리 모두 될 수 있기를 간절한 기대와 소망이 담긴 기도로 가름합니다.

2014년 6월 25일

김 은 경

날마다 하나님의 임재 속으로 들어가요!

달려라, 암송열차

11월 20일 (욥 42:5-6; 시 51:10; 겔 36:26)

회개

오직 심부름하면서 써왔던 집필을 마치고 암송 일기를 이어 쓰려고 해놓고서 영적 싸움이 너무 힘들고 치열한지라 차일피일 미뤄왔다. 그래서 그런지 갑자기 아픈 곳투성이다. 지금까지 한 번도 경험하지 못했던 목과 가슴 사이와 어깨 쪽이 물집이 잡히면서 아주 넓고 큰 부위로 벌겋게 부어 올라 몹시 가렵고 심하게 아픈 피부 발진이 생겼다. 또 설상가상으로 좀처럼 걸리지 않던 감기로 목이 붓고 머리도 아프고 콧물도 나왔다. 병원 갈 병이 아니라는 것을 확실히 알기에 당장 회개하며 글 쓰기를 다시 시작했고 그 테마로 생명의 젖줄인 성경 암송을 넣었다.

성경 암송이란 행복 약을 먹는 신비함과 같아서 하나님의 은혜를 온전히 체험하게 되고 축복의 확증으로 이 땅에서도 천국을 누리며 또한 하나님을 인격적으로 만나는 지름길이 된다. 아마 이 글을 읽으시는 모든 독자 분들도 사모하는 마음을 가지고 날마다 함께 하시다 보면 그리스도 예수 안에서 어렵지 않게 체험해볼 수 있을 것이다. 그렇다면 그 첫 번째 관문인 회개로 우리 속의 더러운 것들을 주께 드려서 깨끗함을 되찾는 것부터 시작해야겠다.

"내가 주께 대하여 귀로 듣기만 하였사오나 이제는 눈으로 주를 뵈옵나이다 그러므로 내가 스스로 거두어들이고 티끌과 재 가운데에서 회개하나이다 하나님이여 내 속에 정한 마음을 창조하시고 내 안에 정직한 영을 새롭게 하소서 또 새 영을 너희 속에 두고 새 마음을 너희에게 주되 너희 육신에서 굳은 마음을 제거하고 부드러운 마음을 줄 것이며."

11월 21일 (**딤후 1:7; 벧전 5:7**)

권고하심

새벽예배를 가려고 눈을 뜨면서 벌겋게 부어 있던 피부는 물론 따끔거려 침도 잘 못 삼키던 목도 깔끔하게 나았다는 확신이 들어서 벌떡 일어나 확인해 보니, 정말 신기하게 딱지 앉기 직전처럼 아팠던 부위가 거무스레 변해 있었고, 감기의 종료를 예고하듯 다만 맑은 콧물만 조금씩 나오기 시작했다. 눈물로 감사를 드리고 진료소를 운영하는 친구에게 말했더니 대상포진인데 하루 만에 낫는 일은 불가능한 일이라며 의아해했다. 하지만 내겐 이젠 신기하지도 않다. 왜냐하면 그동안 하나님께서 살아 역사하시는 것을 거의 날마다 체험했기 때문이다.

"하나님이 우리에게 주신 것은 두려워하는 마음이 아니요 오직 능력과 사랑과 절제하는 마음이니 너희 염려를 다 주께 맡기라 이는 그가 너희를 돌보심이라."

3 11월 22일 (엡 6:10-20)

대적 기도

찬 겨울 비도 내리고 바람도 분다. 하루를 여는 모든 생활이 영적 전쟁이라는 것을 알기에 사탄과의 결투에서 사생결단하듯 단단히 준비하고 무장하는 하루가 되어야겠다.

"끝으로 너희가 주 안에서와 그 힘의 능력으로 강건하여지고 마귀의 간계를 능히 대적하기 위하여 하나님의 전신갑주를 입으라 우리의 씨름은 혈과 육을 상대하는 것이 아니요 통치자들과 권세들과 이 어둠의 세상 주관자들과 하늘에 있는 악의 영들을 상대함이라 그러므로 하나님의 전신 갑주를 취하라 이는 악한 날에 너희가 능히 대적하고 모든 일을 행한 후에 서기 위함이라 그런즉 서서 진리로 너희 허리띠를 띠고 의의 호심경을 붙이고 평안의 복음이 준비한 것으로 신을 신고 모든 것 위에 믿음의 방패를 가지고 이로써 능히 악한 자의 모든 불화살을 소멸하고 구원의 투구와 성령의 검 곧 하나님의 말씀을 가지라 모든 기도와 간구를 하되 항상 성령 안에서 기도하고 이를 위하여 깨어 구하기를 항상 힘쓰며 여러 성도를 위하여 구하라 또 나를 위하여 구할 것은 내게 말씀을 주사 나로 입을 열어 복음의 비밀을 담대히 알리게 하옵소서 할 것이니 이 일을 위하여 내가 쇠사슬에 매인 사신이 된 것은 나로 이 일에 당연히 할 말을 담대히 하게 하려 하심이라."

4 11월 23일 (시 50:14-15, 23)

감사

"감사로 하나님께 제사를 드리며 지존하신 이에게 네 서원을 갚으며 환난 날에 나를 부르라 내가 너를 건지리니 네가 나를 영화롭게 하리로다 감사로 제사를 드리는 자가 나를 영화롭게 하나니 그의 행위를 옳게 하는 자에게 내가 하나님의 구원을 보이리라."

5 11월 24일 (행 20:24; 딤후 4:7-8)

고백

새벽예배 때 설교해 주신 양택호 목사님은 20년 동안 미국에서 목회를 하시다 60세가 넘어 일본으로 부름을 받은 선교사님이신데, 이제 믿음만을 가지고 내일 일본으로 첫 선교의 발을 떼신다. 가슴이 뭉클한 채 내 모습을 바라보게 되었다. 나이 불문하고 하나님께선 우리가 증인 되어 그 어떤 부름에도 순종하길 원하신다. 바울의 고백이 내 고백이 되길 다짐해 본다.

"내가 달려갈 길과 주 예수께 받은 사명 곧 하나님의 은혜의 복음을 증언하는 일을 마치려 함에는 나의 생명조차 조금도 귀한 것으로 여기지 아니하노라 나는 선한 싸움을 싸우고 나의 달려갈 길을 마치고 믿음을 지켰으니 이제 후로는 나를 위하여 의의 면류관이 예비되었으므로 주 곧 의로우신 재판장이 그날에 내게 주실 것이며 내게만 아니라 주의 나타나심을 사모하는 모든 자에게도니라."

6 11월 25일 (잠 4:23; 시 141:3)

마음과 입술을 지키라

새벽마다 중보기도하는 사람 중에 원생 가족이 있다. 정말 희한하게 매일 하루도 빠뜨리지 않고 그 가족을 위해 기도하고 있었는데 오늘은 그 아이가 핼쑥한 얼굴로 다크서클이 가득하여 들어왔다. 늘 밝고 에너지가 넘치며 유치부 때부터 영어 성경으로 다져져서 그런지 여러 가지를 두루 갖춘 아이였기에 깜짝 놀랐다. 엄마에게 전화를 해보니 거의 4일 정도를 잠을 못 자고 뭔가에 쫓기며 무서워했다고 해서 일을 마치자마자 그 집을 찾아 말씀으로 기도하게 되었고, 아이에게는 평소 외우게 했던 한자 찬양을 무서울 때마다 부르게 했다.

"모든 지킬 만한 것 중에 더욱 네 마음을 지키라 생명의 근원이 이에서 남이니라 여호와여 내 입에 파수꾼을 세우시고 내 입술의 문을 지키소서."

11월 26일 (시 1편; 렘 17:7-8)

축복

어제 그 아이를 위해 집중적으로 기도했고 아이를 보는 순간 얼굴을 바라봤는데 정말 얼굴이 보통 때처럼 희고 곱고 포동포동했다. 얼마나 멋있는지 어제의 그 까맣던 모습은 온데간데 없었다. 감사가 절로 나왔다. "어제는 잘 잤어?" "네, 선생님이 하라는 것 했는데 하나도 안 무서웠어요."

"복 있는 사람은 악인들의 꾀를 따르지 아니하며 죄인들의 길에 서지 아니하며 오만한 자들의 자리에 앉지 아니하고 오직 여호와의 율법을 즐거워하여 그의 율법을 주야로 묵상하는도다 그는 시냇가에 심은 나무가 철을 따라 열매를 맺으며 그 잎사귀가 마르지 아니함 같으니 그가 하는 모든 일이 다 형통하리로다 악인은 그렇지 아니함이여 오직 바람에 나는 겨와 같도다 그러므로 악인들은 심판을 견디지 못하며 죄인들이 의인들의 모임에 들지 못하리로다 무릇 의인들의 길은 여호와께서 인정하시나 악인들의 길은 망하리로다 그러나 무릇 여호와를 의지하며 여호와를 의뢰하는 그 사람은 복을 받을 것이라 그는 물가에 심어진 나무가 그 뿌리를 강변에 뻗치고 더위가 올지라도 두려워하지 아니하며 그 잎이 청청하며 가무는 해에도 걱정이 없고 결실이 그치지 아니함 같으리라."

8 11월 27일 (빌 2:5–11)

성화

성령 감동으로 발췌되고 있는 하루하루의 내용들이 워낙 하나님께서 개인적으로 역사하시며 기름 부으신 내용들이라 그런지 온 마음과 정성을 다하여 읊조리며 암송하고 있으면 어느새 머리 속에서 ⇒ 마음 속 깊은 곳으로 말씀의 영이 파고 들어오는 것을 느낄 수 있다. 그렇기에 많이 바쁜 삶 가운데서도 죽기까지 복종하리라 결심하며 오늘도 성경 암송에 온 힘을 기울여 본다.

"너희 안에 이 마음을 품으라 곧 그리스도 예수의 마음이니 그는 근본 하나님의 본체시나 하나님과 동등됨을 취할 것으로 여기지 아니하시고 오히려 자기를 비워 종의 형체를 가지사 사람들과 같이 되셨고 사람의 모양으로 나타나사 자기를 낮추시고 죽기까지 복종하셨으니 곧 십자가에 죽으심이라 이러므로 하나님이 그를 지극히 높여 모든 이름 위에 뛰어난 이름을 주사 하늘에 있는 자들과 땅에 있는 자들과 땅 아래 있는 자들로 모든 무릎을 예수의 이름에 꿇게 하시고 모든 입으로 예수 그리스도를 주라 시인하여 하나님 아버지께 영광을 돌리게 하셨느니라."

9 11월 28일 (사 43:1~7)

생각과 마음을 지키라

새벽예배 설교에서 이사야 43장 1~7절 말씀을 목사님께 무척 강조하셨고 특히 많은 사람들이 1~2절로 위로를 받는다고 하셨다. 사실은 이 말씀은 하나님께서 내게 직접 주신 아주 귀하고도 귀한 말씀이다. 말씀을 받은 이래 거의 5년 정도 이 말씀을 암송하며 깊은 감동과 감사로 울기도 퍽 많이 울었었다.

"야곱아 너를 창조하신 여호와께서 지금 말씀하시느니라 이스라엘아 너를 지으신 이가 말씀하시느니라 너는 두려워하지 말라 내가 너를 구속하였고 내가 너를 지명하여 불렀나니 너는 내 것이라 네가 물 가운데로 지날 때에 내가 함께할 것이라 강을 건널 때에 물이 너를 침몰하지 못할 것이며 네가 불 가운데로 지날 때에 타지도 아니할 것이요 불꽃이 너를 사르지도 못하리니 대저 나는 여호와 네 하나님이요 이스라엘의 거룩한 이요 네 구원자임이라 내가 애굽을 너의 속량물로 구스와 스바를 너를 대신하여 주었노라 네가 내 눈에 보배롭고 존귀하며 내가 너를 사랑하였은 즉 내가 네 대신 사람들을 내어 주며 백성들이 네 생명을 대신하리니 두려워하지 말라 내가 너와 함께하여 네 자손을 동쪽에서부터 오게 하며 서쪽에서부터 너를 모을 것이며 내가 북쪽에게 이르기를 내놓으라 남쪽에게 이르기를 가두어 두지 말라 내 아들들을 먼 곳에서 이끌며 내 딸들을 땅 끝에서 오게 하며 내 이름으로 불려지는 모든 자 곧 내가 내 영광을 위하여 창조한 자를 오게 하라 그를 내가 지었고 그를 내가 만들었느니라."

10 11월 29일 (엡 1:4–12)

창세 전부터 택하심

읊조리며 말씀을 눈을 감고 곰곰이 되짚어 보는데, 성령께서 불같이 역사하시는 것이 느껴졌다. 나같이 형편없는 자에게 이 큰 감격과 감동이 임하시는 것이 이상하기도 해서 깊은 회개로 시작하고 감사 찬양을 했다. 그럴수록 더욱 성령의 역사가 뜨거워져 은혜는 낮은 곳으로 흐름을 알 수 있었다. 또 평소에 즐겨 암송하며 큰 은혜를 받던 에베소서 1장 4-12절을 재암송하는데, 말 속에 에너지가 있어서인지 아람 군대에 둘러싸여 있는 엘리사가 기도함으로 사환의 눈이 열렸을 때처럼 불말과 불 병거가 산에 가득함을 알 수 있었다.

"곧 창세 전에 그리스도 안에서 우리를 택하사 우리로 사랑 안에서 그 앞에 거룩하고 흠이 없게 하시려고 그 기쁘신 뜻대로 우리를 예정하사 예수 그리스도로 말미암아 자기의 아들들이 되게 하셨으니 이는 그가 사랑하시는 자 안에서 우리에게 거저 주시는 바 그의 은혜의 영광을 찬송하게 하려는 것이라 우리는 그리스도 안에서 그의 은혜의 풍성함을 따라 그의 피로 말미암아 속량 곧 죄 사함을 받았느니라 이는 그가 모든 지혜와 총명을 우리에게 넘치게 하사 그 뜻의 비밀을 우리에게 알리신 것이요 그의 기뻐하심을 따라 그리스도 안에서 때가 찬 경륜을 위하여 예정하신 것이니 하늘에 있는 것이나 땅에 있는 것이 다 그리스도 안에서 통일되게 하려 하심이라 모든 일을 그의 뜻의 결정대로 일하시는 이의 계획을 따라 우리가 예정을 입어 그 안에서 기업이 되었으니 이는 우리가 그리스도 안에서 전부터 바라던 그의 영광의 찬송이 되게 하려 하심이라."

11월 30일 (엡 4:13; 요 10:10; 행 1:8; 롬 12:1~2)

본분

"우리가 다 하나님의 아들을 믿는 것과 아는 일에 하나가 되어 온전한 사람을 이루어 그리스도의 장성한 분량이 충만한 데까지 이르리니 도둑이 오는 것은 도둑질하고 죽이고 멸망시키려는 것뿐이요 내가 온 것은 양으로 생명을 얻게 하고 더 풍성히 얻게 하려는 것이라 오직 성령이 너희에게 임하시면 너희가 권능을 받고 예루살렘과 온 유대와 사마리아와 땅 끝까지 이르러 내 증인이 되리라 하시니라 그러므로 형제들아 내가 하나님의 모든 자비하심으로 너희를 권하노니 너희 몸을 하나님이 기뻐하시는 거룩한 산 제물로 드리라 이는 너희가 드릴 영적 예배니라 너희는 이 세대를 본받지 말고 오직 마음을 새롭게 함으로 변화를 받아 하나님의 선하시고 기뻐하시고 온전하신 뜻이 무엇인지 분별하도록 하라."

12월 1일 (습 3:17)

남은 자의 축복

시간은 매일 말씀 묵상과 더불어 빠르게 흐르고 있다. 날마다 보물의 향연(말씀의 잔치)이 펼쳐지기에 얼마나 기쁘고 보람 있고 든든한지 모른다. 그 힘으로 주님께서 맡겨 주신 사역과 사명을 위해서 땅 끝까지 나아가리라 오늘도 기도로 묵묵히 다짐해 본다.

"너의 하나님 여호와가 너의 가운데에 계시니 그는 구원을 베푸실 전능자이시라 그가 너로 말미암아 기쁨을 이기지 못하시며 너를 잠잠히 사랑하시며 너로 말미암아 즐거이 부르며 기뻐하시리라 하리라."

12월 2일 (행 2:42-47)

초대교회 예배공동체

"그들이 사도의 가르침을 받아 서로 교제하고 떡을 떼며 오로지 기도하기를 힘쓰니라 사람마다 두려워하는데 사도들로 말미암아 기사와 표적이 많이 나타나니 믿는 사람이 다 함께 있어 모든 물건을 서로 통용하고 또 재산과 소유를 팔아 각 사람의 필요를 따라 나눠 주며 날마다 마음을 같이하여 성전에 모이기를 힘쓰고 집에서 떡을 떼며 기쁨과 순전한 마음으로 음식을 먹고 하나님을 찬미하며 또 온 백성에게 칭송을 받으니 주께서 구원받는 사람을 날마다 더하게 하시니라."

14 12월 3일 (갈 5:16-21)

육체와 성령의 관계

열린 구역예배를 드렸다. 우리 구역에 식당을 운영하시는 집사님이 있는데 말씀에는 서툴지만 하나님을 향한 마음이 늘 한결같이 곱고 예쁘다. 그래서 그런지 그 집사님이 기도만 하면 내 가슴에서 성령께서 요동치며 불같이 뜨거워짐은 서로 진심으로 사랑하라는 무언의 요구가 아닐까 싶다.

"내가 이르노니 너희는 성령을 따라 행하라 그리하면 육체의 욕심을 이루지 아니하리라 육체의 소욕은 성령을 거스르고 성령은 육체를 거스르나니 이 둘이 서로 대적함으로 너희가 원하는 것을 하지 못하게 하려 함이니라 너희가 만일 성령의 인도하시는 바가 되면 율법 아래에 있지 아니하리라 육체의 일은 분명하니 곧 음행과 더러운 것과 호색과 우상숭배와 주술과 원수 맺는 것과 분쟁과 시기와 분냄과 당 짓는 것과 분열함과 이단과 투기와 술 취함과 방탕함과 또 그와 같은 것들이라 전에 너희에게 경계한 것같이 경계하노니 이런 일을 하는 자들은 하나님의 나라를 유업으로 받지 못할 것이요."

15 12월 4일 (골 2:15; 시 119:11; 6:8-10)

사탄이 정말 싫어하는 말

독수리 제자훈련 교재 중 《신자가 소유한 놀라운 권세》라는 책이 있다. 그런데 그곳에 보면 저자인 찰스 크래프트 목사님은 사탄과 대화를 나누실 수 있는데, 사탄이 가장 싫어하는 구절이 바로 수많은 말씀들 중에서 바로 위의 말씀들이라고 하셨다. 사실 실제로 나도 체험을 한 적이 있다. 몇 년 전 컴퓨터 앞에서 눈을 감고 말씀을 암송하고 있었는데 사탄이 내게 덤벼들었다. 분홍색의 고운 돼지 껍데기인데 속은 어찌나 질기고 단단한지 내가 아무리 손톱으로 할퀴고 꼬집어 뜯으려 해도 집어지질 않고 오히려 내 힘이 턱없이 부족하였다. 이 방법 저 방법 다 써보다가 골로새서 2장 15절 말씀이 생각나서 암송을 했는데, 갑자기 사탄이 힘을 잃고 작아지는 것이 보이고 또 느껴졌다. 그런데 그 암송이 끝나니 다시 또 커지며 기승을 부렸다. 죽을힘을 다해 계속 반복해서 암송을 했더니 사탄의 크기가 점점 작아져 콩알만 해졌다. 아무리 손으로 비벼 문질러도 형체가 없어지지 않아서 하수구 같은 곳에 넣고 자물쇠로 채워 버렸다. 지독히도 끈질겼다는 기억과 함께 지금도 몇 년 전 그 사탄의 모습이 아주 생생하게 떠오른다.

"통치자들과 권세들을 무력화하여 드러내어 구경거리로 삼으시고 십자가로 그들을 이기셨느니라 내가 주께 범죄하지 아니하려 하여 주의 말씀을 내 마음에 두었나이다 악을 행하는 너희는 다 나를 떠나라 여호와께서 내 울음소리를 들으셨도다 여호와께서 내 간구를 들으셨음이여 여호와께서 내 기도를 받으시리로다 내 모든 원수들이 부끄러움을 당하고 심히 떪이여 갑자기 부끄러워 물러가리로다."

16 12월 5일 (수 1:5-9)

삶이 형통케 되는 비결

오늘은 내 삶을 가만히 뒤돌아보았다. 얼마나 많은 축복을 받았던지, 특히 하나님을 온전히 만나고부터는 이루 셀 수가 없다. 그런데 왜 그 당시는 잘 모르고 지나고서야 깨달을까? 우리 인생은 늘 생명과와 선악과 중 하나를 택해야 하는 선택의 기로에 서 있다. 그런데 생명과를 택하면 어둡기만 한 내 속으로 빛이 들어가니 내 죄가 보여 날마다 깊이 회개하게 되고, 선악과를 먹으면 내 눈이 밝아져 내 죄는 안 보이고 남의 죄만 훤히 보여 계속 남을 정죄하게 된다. 우리의 환경은 창세 전부터 혼돈하고 공허하며 흑암이 깊음 위에 있기에 수면에 운행하시는 하나님의 신이 없이는 늘 어둡고 무질서하고 외롭다. 말씀이 육신이 되는 삶이 이 세상에서도 얼마나 행복하고 축복 받는 삶인지 더욱 절실해 오늘도 암송의 세계로 깊숙이 들어가 보려 한다.

"네 평생에 너를 능히 대적할 자가 없으리니 내가 모세와 함께 있었던 것같이 너와 함께 있을 것임이니라 내가 너를 떠나지 아니하며 버리지 아니하리니 강하고 담대하라 너는 내가 그들의 조상에게 맹세하여 그들에게 주리라 한 땅을 이 백성에게 차지하게 하리라 오직 강하고 극히 담대하여 나의 종 모세가 네게 명령한 그 율법을 다 지켜 행하고 우로나 좌로나 치우치지 말라 그리하면 어디로 가든지 형통하리니 이 율법 책을 네 입에서 떠나지 말게 하며 주야로 그것을 묵상하여 그 가운데 기록된 대로 다 지켜 행하라 그리하면 네 길이 평탄하게 될 것이며 네가 형통하리라 내가 네게 명령한 것이 아니냐 강하고 담대하라 두려워하지 말며 놀라지 말라 네가 어디로 가든지 네 하나님 여호와가 너와 함께하느니라 하시니라."

17 12월 6일 (요 6:63; 롬 8:5~6; 고전 2:14)

영과 육

"살리는 것은 영이니 육은 무익하니라 내가 너희에게 이른 말은 영이요 생명이라 육신을 따르는 자는 육신의 일을 영을 따르는 자는 영의 일을 생각하나니 육신의 생각은 사망이요 영의 생각은 생명과 평안이니라 육에 속한 사람은 하나님이 성명의 일들을 받지 아니하나니 이는 그것들이 그에게는 어리석게 보임이요 또 그는 그것들을 알 수도 없나니 그러한 일은 영적으로 분별되기 때문이라."

18 12월 7일 (말 3:17)

내가 아끼리라

주황과 연둣빛으로 옷을 아주 화사하게 입은 예쁜 아가씨가 새 가족으로 등록을 하였다. 카페에서 따로 만나 교제를 나누는데 얼굴을 보는 순간 내 눈에서 갑자기 눈물이 핑 돌더니 자꾸 소리 없이 눈물이 흘러내렸다. 영문을 모른 채 마음을 가다듬는데 그 자매도 함께 울었다. 얼마나 가슴이 미어지는지……. 한참 뒤에 서로 인사를 하는데 아주 오래 전부터 만났던 사이처럼 친근해졌다. 그녀는 교회 오기 얼마 전에 우울증이 심해 손목을 그어 자살까지 기도했었다고 했다. 취업이라는 난관과 주변 환경의 스트레스로 인해 어려서부터 믿고 만나던 하나님을 잊은 채 사탄에 눌려 심적 고통을 당하고 있었던 것이다. 말씀으로 한 시간 정도 나누고 났더니 어둡던 얼굴이 달라졌다. 분명 하나님께서 특별히 세우시는 자매인 것 같은데 온 마음으로 섬겨야겠다.

> "만군의 여호와가 이르노라 나는 내가 정한 날에 그들을 나의 특별한 소유로 삼을 것이요 또 사람이 자기를 섬기는 아들을 아낌같이 내가 그들을 아끼리니."

19 12월 8일 (마 22:37–40)

명령

그리스도인들은 배부르면 죽는다는 말이 있듯 하나님께서는 우리가 제자리에 머물러 있거나 안주하지 않고 십자가를 지고 기쁘게 점점 더 앞으로 나아가길 원하신다. 뒤로 물러가기를 원치 않으신다. 마음과 목숨과 뜻을 다하여 주님을 섬기기 원하신다.

> "예수께서 이르시되 네 마음을 다하고 목숨을 다하고 뜻을 다하여 주 너의 하나님을 사랑하라 하셨으니 이것이 크고 첫째 되는 계명이요 둘째도 그와 같으니 네 이웃을 네 자신같이 사랑하라 하셨으니 이 두 계명이 온 율법과 선지자의 강령이니라."

20 12월 9일 (막 16:15–18)

믿는 자들의 표적

성령님께서 우리의 가까운 곳에서 늘 돕고 계심을 알 수 있는 생활 속 표적들이 정말 많다. 그럼에도 불구하고 사탄은 어찌나 교묘한지 생각 속으로 걱정과 두려움과 불신을 집어넣는다. 불현듯 밀려오는 근심과 걱정을 말씀과 기도로 물리쳐 선한 싸움에서 기필코 승리해야겠다.

"또 이르시되 너희는 온 천하에 다니며 만민에게 복음을 전파하라 믿고 세례를 받는 사람은 구원을 얻을 것이요 믿지 않는 사람은 정죄를 받으리라 믿는 자들에게는 이런 표적이 따르리니 곧 그들이 내 이름으로 귀신을 쫓아내며 새 방언을 말하며 뱀을 집어 올리며 무슨 독을 마실지라도 해를 받지 아니하며 병든 사람에게 손을 얹은즉 나으리라 하시더라."

21 12월 10일 (잠 16:1-3)

경영

아이들 기말고사가 끝나 가니 이제 방학이 다가옴을 피부로 느끼게 되지만 도우시는 성령님께 일터의 모든 경영을 맡기니 내가 할 일은 오직 말씀의 심부름뿐, 너무 자유하고 평안하다.

"마음의 경영은 사람에게 있어도 말의 응답은 여호와께로부터 나오느니라 사람의 행위가 자기 보기에는 모두 깨끗하여도 여호와는 심령을 감찰하시느니라 너의 행사를 여호와께 맡기라 그리하면 네가 경영하는 것이 이루어지리라."

22 12월 11일 (사 53:5-6; 벧전 2:24-25)

치유

80일 저녁 금식 후 바로 40일 아침 금식을 하다 보니 내 몸에서 조절하기가 힘든지 요즘 들어 꼭 위암에 걸린 사람처럼 속이 쓰리고 몹시 아팠다. 하지만 성경 암송을 하다 보면 어느새 아픔이 가시기에 시도 때도 없이 암송하는 일이 잦아진다. 결국 선을 이루게 하시며 말씀 안에 거하게 하심으로 치료하시는 여호와 라파의 하나님을 경험하게 되니 이 또한 감사하다.

"그가 찔림은 우리의 허물 때문이요 그가 상함은 우리의 죄악 때문이라 그가 징계를 받으므로 우리는 평화를 누리고 그가 채찍에 맞으므로 우리는 나음을 받았도다 우리는 다 양 같아서 그릇 행하여 각기 제 길로 갔거늘 여호와께서는 우리 모두의 죄악을 그에게 담당시키셨도다 친히 나무에 달려 그 몸으로 우리 죄를 담당하셨으니 이는 우리로 죄에 대하여 죽고 의에 대하여 살게 하려 하심이라 그가 채찍에 맞음으로 너희는 나음을 얻었나니 너희가 전에는 양과 같이 길을 잃었더니 이제는 너희 영혼의 목자와 감독 되신 이에게 돌아왔느니라."

23 12월 12일 (출 19:5–6; 벧전 2:9)

만인 제사장

오늘도 영적 전쟁이 심한 것 같아서 무슨 일일까 차근히 살펴보는데, 출판 편집을 하고 성경 암송은 했지만 하나님의 뜻으로 만들어진 한자 성경 암송은 약간 등한시하였다는 생각이 들어서 곧바로 ♫ 창세기 사람 인, 날 생, 금할 금…… 찬양을 시작하는데 불 같은 성령의 감동이 오면서, 그 전 책 작업할 때와 꼭 같았다. 큐티처럼 매일 암송하는 이 작업에 기름 부으시고 역사하셔서 매일 무엇을 해야 할지, 또 무엇을 써야 할지 주제를 생각나게 하신다. 마치 철이 자석에 끌려가듯 쓰고 외우고 있다. 말썽 피우지 않을 피노키오처럼 시키는 대로 순종하며 성령님의 권역을 벗어나지 않으리라. 놀라우신 하나님께 찬양과 경배와 영광과 존귀를 올립니다.

"세계가 다 내게 속하였나니 너희가 내 말을 잘 듣고 내 언약을 지키면 너희는 모든 민족 중에서 내 소유가 되겠고 너희가 내게 대하여 제사장 나라가 되며 거룩한 백성이 되리라 너는 이 말을 이스라엘 자손에게 전할지니라 그러나 너희는 택하신 족속이요 왕 같은 제사장들이요 거룩한 나라요 그의 소유가 된 백성이니 이는 너희를 어두운 데서 불러내어 그의 기이한 빛에 들어가게 하신 이의 아름다운 덕을 선포하게 하려 하심이라."

24 12월 13일 (사 43:12)

증인

성경과 씨름을 하다 보니 시간이 너무 빨리 흘러서 새벽이 되었지만 새벽예배 시간을 놓칠까 싶어 잠을 잘 수가 없었는데, 신기하게도 마치 구름 위를 나는 듯해서 몸이 전혀 피곤치가 않았다. 속 쓰리던 것은 언제 그랬느냐 싶게 이제 말끔히 나았다. 정말 놀랍고 감사한 일이 아닐 수 없다.

> "내가 알려 주었으며 구원하였으며 보였고 너희 중에 다른 신이 없었나니 그러므로 너희는 나의 증인이요 나는 하나님이니라 여호와의 말씀이니라."

25 12월 14일 (고전 1:10; 시 133편)

온전히 합하라

하루 시작부터 성령으로 뜨겁고 마음이 너무 기쁘다. 오늘도 온전히 성령님과 합하는 삶을 살고 싶다. 중보기도 시간에 성령님의 강권하심으로 암송을 하게 되었는데 다른 분들에게도 큰 은혜가 되었으면 좋겠다.

"형제들아 내가 우리 주 예수 그리스도의 이름으로 너희를 권하노니 모두가 같은 말을 하고 너희 가운데 분쟁이 없이 같은 마음과 같은 뜻으로 온전히 합하라 보라 형제가 연합하여 동거함이 어찌 그리 선하고 아름다운고 머리에 있는 보배로운 기름이 수염 곧 아론의 수염에 흘러서 그의 옷깃까지 내림 같고 헐몬의 이슬이 시온의 산들에 내림 같도다 거기서 여호와께서 복을 명령하셨나니 곧 영생이로다."

26 12월 15일 (**삼하 22:26-28**)

보응

우리의 삶은 세상과 어우러진 채 그리스도 안에서 새날을 맞이한다. 하지만 분명한 것은 구별된 삶이다. 말씀이 우리의 혈액을 타고 다님으로 말미암아 우리는 조금씩 더 거룩한 생활을 하게 되고, 더 기쁘고, 주 안에서 더 평안한 삶을 살아가게 된다.

"자비한 자에게는 주의 자비하심을 나타내시며 완전한 자에게는 주의 완전하심을 보이시며 깨끗한 자에게는 주의 깨끗하심을 보이시며 사악한 자에게는 주의 거스르심을 보이시리이다 주께서 곤고한 백성은 구원하시고 교만한 자를 살피사 낮추시리이다."

27 12월 16일 (사 40:29-31)

힘을 더하심

"피곤한 자에게는 능력을 주시며 무능한 자에게는 힘을 더하시나니 소년이라도 피곤하며 곤비하며 장정이라도 넘어지며 쓰러지되 오직 여호와를 앙망하는 자는 새 힘을 얻으리니 독수리가 날개 치며 올라감 같을 것이요 달음박질하여도 곤비하지 아니하겠고 걸어가도 피곤하지 아니하리로다."

오늘은 순서를 바꿨다. 말씀에 맞춰 하루를 보내고 싶다. 그런데 이 구절도 약간 순서가 바뀐 듯하다.

"He gives strength to the weary and increases the power of the weak."

피곤하면 힘이 필요하고 무능하면 능력이 필요할 것 같지만 그래도 있는 그대로 은혜로 기쁘게 암송해야겠다.

28 12월 17일 (시 108:2, 46:5; 수 6:15)

새벽을 깨우심

육신대로 살면 반드시 죽고 영으로써 몸의 행실을 죽여야 산다고 했는데, 마음이 너무 평안하니 몸이 더불어 나태해진 것 같아 영적

각성을 촉구해 보려 새벽을 깨우고 말씀의 강물에 더욱 깊이 빠져 본다.

> "비파야, 수금아, 깰지어다 내가 새벽을 깨우리로다 하나님이 그 성중에 계시매 성이 흔들리지 아니할 것이라 새벽에 하나님이 도우시리로다 일곱째 날 새벽에 그들이 일찍이 일어나서 전과 같은 방식으로 그 성을 일곱 번 도니 그 성을 일곱 번 돌기는 그날뿐이었더라."

29 12월 18일 (사 41:10)

동행

마음으로 힘든 일이 생길 때마다 예수 이름과 말씀으로 이겨내지만 아직도 힘이 부족하다. 변덕스러운 나 자신을 이겨내기가 참 어렵다. 세상 욕심과 고집과 이중성으로 똘똘 뭉쳐진 날 본다. 온 율법과 선지자의 강령인 두 가지, '하나님 사랑과 이웃 사랑' 실천하기가 정말 어렵다. 하지만 주님께 부르짖으며 사탄에게 무너지지 않고 나를 쳐서 복종시키며, 그리스도 안에서 날마다 십자가에 못 박으며 꿋꿋하게 나아가리라 마음을 되잡아 본다.

> "두려워하지 말라 내가 너와 함께함이라 놀라지 말라 나는 네 하나님이 됨이라 내가 너를 굳세게 하리라 참으로 너를 도와주리라 참으로 나의 의로운 오른손으로 너를 붙들리라."

30 12월 19일 (사 44:3, 58:11)

물 댄 동산

번번이 느끼는 것이지만 담임 목사님께서 기도하실 때마다 놀라운 성령의 역사하심의 전율이 뜨겁게 느껴진다. 역시 하나님께서 기쁘게 사용하시는 주님의 기름 부으신 종의 사역이 아닐까 싶다.

> "나는 목마른 자에게 물을 주며 마른 땅에 시내가 흐르게 하며 나의 영을 네 자손에게, 나의 복을 네 후손에게 부어 주리니 여호와가 너를 항상 인도하여 메마른 곳에서도 네 영혼을 만족하게 하며 네 뼈를 견고하게 하리니 너는 물 댄 동산 같겠고 물이 끊어지지 아니하는 샘 같을 것이라."

31 12월 20일 (사 30:26)

상처 회복

희락의 기름으로 슬픔을 대신하며 찬송의 옷으로 근심을 대신하게 해주시는 하나님께 감사드리며, 오늘 하루도 말씀과 기도로 마음을 새롭게 하고 정결케 다져 본다.

"여호와께서 자기 백성의 상처를 싸매시며 그들의 맞은 자리를 고치시는 날에는 달빛은 햇빛 같겠고 햇빛은 일곱 배가 되어 일곱 날의 빛과 같으리라."

32 12월 21일 (히 4:12–13)

말씀의 위력

말씀 암송을 체계적으로 시작한 지 이제 한 달이 넘어서 그런지 처음부터 암송을 하면 시간이 꽤 걸린다. 바쁜 삶의 무게로 육신은 좀 고달파도 말씀으로 세포를 이루는 영의 세계는 정말 풍요롭고 행복하다. 말씀의 위력은 실로 위대하다.

"하나님의 말씀은 살아 있고 활력이 있어 좌우에 날 선 어떤 검보다도 예리하여 혼과 영과 및 관절과 골수를 찔러 쪼개기까지 하며 또 마음의 생각과 뜻을 판단하나니 지으신 것이 하나도 그 앞에 나타나지 않음이 없고 우리의 결산을 받으실 이의 눈 앞에 만물이 벌거벗은 것같이 드러나느니라."

33 12월 22일 (창 1:1-3, 26-28)

창조

암송을 하려니 너무 순서가 정리가 되어 있지 않아 엑셀로 재작업을 하였고 작업 분량도 꽤나 되었다. 하나님도 기쁘신지 오늘은 정말 내 안에 성령님의 역사하심이 뜨겁다.

"태초에 하나님이 천지를 창조하시니라 땅이 혼돈하고 공허하며 흑암이 깊음 위에 있고 하나님의 영은 수면 위에 운행하시니라 하나님이 이르시되 빛이 있으라 하시니 빛이 있었고 하나님이 이르시되 우리의 형상을 따라 우리의 모양대로 우리가 사람을 만들고 그들로 바다의 물고기와 하늘의 새와 가축과 온 땅과 땅에 기는 모든 것을 다스리게 하자 하시고 하나님이 자기 형상 곧 하나님의 형상대로 사람을 창조하시되 남자와 여자를 창조하시고 하나님이 그들에게 복을 주시며 하나님이 그들에게 이르시되 생육하고 번성하여 땅에 충만하라, 땅을 정복하라, 바다의 물고기와 하늘의 새와 땅에 움직이는 모든 생물을 다스리라 하시니라."

34 12월 23일 (눅 10:18-19)

사탄을 이기게 하심

"예수께서 이르시되 사탄이 하늘로부터 번개같이 떨어지는 것을 내가 보았노라 내가 너희에게 뱀과 전갈을 밟으며 원수의 모든 능력을 제어할 권능을 주었으니 너희를 해칠 자가 결코 없으리라."

35 12월 24일 (시 42:11, 62:5-6)

하나님만 바라라

오직 은혜, 오직 믿음, 오직 말씀으로 루터가 복음의 진리를 깨달았듯이 오로지 말씀으로 거듭나는 하루가 되기를 소망해 본다.

"내 영혼아 네가 어찌하여 낙심하며 어찌하여 내 속에서 불안해 하는가 너는 하나님께 소망을 두라 나는 그가 나타나 도우심으로 말미암아 내 하나님을 여전히 찬송하리로다 나의 영혼아 잠잠히 하나님만 바라라 무릇 나의 소망이 그로부터 나오는도다 오직 그만이 나의 반석이시요 나의 구원이시요 나의 요새이시니 내가 흔들리지 아니하리로다."

36 12월 25일 (사 55:8-9)

생각의 차이

"이는 내 생각이 너희의 생각과 다르며 내 길은 너희의 길과 다름이니라 여호와의 말씀이니라 이는 하늘이 땅보다 높음같이 내 길은 너희의 길보다 높으며 내 생각은 너희의 생각보다 높음이니라."

37 12월 26일 (빌 4:4-7)

항상 기뻐하라

성경 암송을 시작하다 보면 처음엔 미지근한 마음으로 시작하지만, 20분 정도 지나면 가슴이 불같이 뜨거워지면서 성령님의 역사하심이 뭉클뭉클 솟아 가슴과 배로 가득 차면서 이내 온몸 구석구석에 퍼짐을 느낀다. 모든 에너지의 원동력 되심에 끝없이 감사드리고, 초대교회의 순수함과 열정이 되돌아오는 날을 소망해 본다.

"주 안에서 항상 기뻐하라 내가 다시 말하노니 기뻐하라 너희 관용을 모든 사람에게 알게 하라 주께서 가까우시니라 아무것도 염려하지 말고 다만 모든 일에 기도와 간구로, 너희 구할 것을 감사함으로 하나님께 아뢰라 그리하면 모든 지각에 뛰어난 하나님의 평강이 그리스도 예수 안에서 너희 마음과 생각을 지키시리라."

38 12월 27일 (엡 1:18-19)

역사하심

"너희 마음의 눈을 밝히사 그의 부르심의 소망이 무엇이며 성도 안에서 그 기업의 영광의 풍성함이 무엇이며 그의 힘의 위력으로 역사하심을 따라 믿는 우리에게 베푸신 능력의 지극히 크심이 어떠한 것을 너희로 알게 하시기를 구하노라."

39 12월 28일 (고후 5:17)

새 피조물

"그런즉 누구든지 그리스도 안에 있으면 새로운 피조물이라 이전 것은 지나갔으니 보라 새것이 되었도다."

40 12월 29일 (고전 3:6-8)

오직 하나님뿐

우리는 작은 풀 한 포기와 흡사하다. 제때에 물과 햇빛과 양분을 공급받지 않으면 여지없이 죽고 만다. 우리에게 부여하신 하나님의 놀라우신 창조 섭리를 늘 찬양하며 감사해야 됨을 잊지 말아야 한다.

"나는 심었고 아볼로는 물을 주었으되 오직 하나님께서 자라나게 하셨나니 그런즉 심는 이나 물 주는 이는 아무것도 아니로되 오직 자라게 하시는 이는 하나님뿐이니라 심는 이와 물 주는 이가 한가지이나 각각 자기가 일한 대로 자기의 상을 받으리라."

41 12월 30일 (롬 1:16-17)

복음

작년 이맘때쯤 있었던 일이다. 두세 분의 새 가족과 함께 교제를 나누고 있는데, 인상이 좋은 어떤 30대 여자분께서 옆자리에 앉으시면서 들어도 되느냐고 물었다. 흔쾌히 허락하고 함께했는데 빠지지 않고 모임에 계속 나오셨다. 눈과 마음이 어찌나 하나님을 사모하고 영적으로 목말라 하는지 내게 뭔가를 계속 물으셨고, 나도 내 속에 계신 성령님께 구하며 열심히 대답했다. 어느 날은 모임이 다 끝난 후 둘만 남게 되었는데 본인 소개를 늦게 해서 정말 미안하다며 자기 소개를 어렵게 하셨다.

그분은 20대 청춘을 다 바쳐서 열정적으로 하나님의 일들을 해왔고, 알 만한 큰 교회의 전도사로 10년 넘게 섬기셨던 분이었다. 하지만 자신의 믿음과 주변 환경에 회의를 느껴 모든 것을 내려놓고 밑바닥부터 다시 시작해 보려 안디옥교회를 찾게 되었다고 하셨다. 그런데 우연히 저녁 예배 때 성경 암송 시연을 하는 나를 보시고, 꼭 만나서 얘기해 보면 그 해답이 나올 것 같아 수소문해서 찾게 되었다고 하셨다.

아무것도 아닌 내게 그렇게까지 말하니 몸 둘 바를 몰랐고, 어찌되었든 주 안에서 서로 힘이 되면 하나님께서 기뻐하실 것 같아 있는 힘을 다해 힘껏 말씀의 교제를 나누었다.

"내가 복음을 부끄러워하지 아니하노니 이 복음은 모든 믿는 자에게 구원을 주시는 하나님의 능력이 됨이라 먼저는 유대인에게요 그리고 헬라인에게로다 복음에는 하나님의 의가 나타나서 믿음으로 믿음에 이르게 하나니 기록된 바 오직 의인은 믿음으로 말미암아 살리라 함과 같으니라."

42 12월 31일 (갈 6:8–9)

성령을 위하여 심는 자

9시 30분부터 1시까지 송구영신 예배를 드리는데 세례를 60여 명이 받게 되었다. 예배를 1, 2부로 나누어 드리는데 하나님께 지나온 시간과 앞으로의 날들에 대해 감사와 찬양으로 만감이 교차했다. 올해는 정말 다사다난했고 사탄과의 싸움이 만만치 않았으나, 하나님께서 함께하시고 축복해 주셨던 아주 큰 행운의 한 해였다. 새해에도 늘 회개하고 기도하며 범사에 감사를 드리리라.

"자기의 육체를 위하여 심는 자는 육체로부터 썩어질 것을 거두고 성령을 위하여 심는 자는 성령으로부터 영생을 거두리라 우리가 선을 행하되 낙심하지 말지니 포기하지 아니하면 때가 이르매 거두리라."

43 1월 1일 (고전 15:9; 엡 3:8; 딤전 1:15)

고백

새해 첫날이다. 마음과 목숨과 뜻과 정성과 힘을 다하여 하나님을 사랑하리라 결심해 보지만, 또 한편으론 내 자신이 너무 약하고 부족해 아무것도 할 수 없다는 생각이 들어 감히 사랑이라는 명함조차 내밀 수 없다. 난 너무 교만하여 아주 작은 일도 섬기지 못하고, 이웃에게 먼저 베풀거나 나누는 일도 잘하지 못하고, 이기적이고 약속도 잘 지키지 못한다. 또한 성실하지도 지혜롭지도 정직하지도 오래 참지도 못하기에, 나 자신을 깊이 생각하고 있으면 정말 마음이 불편해진다. 그러나 그렇게 못하는 것 투성이지만 그래도 내 안에 늘 함께하시는 그리스도의 크신 이름과 귀한 보혈과 사랑과 능력으로 용기를 내어 큰 소리로 외치며 고백해 본다. "주님, 사랑해요!"

"나는 사도 중에 가장 작은 자라 나는 하나님의 교회를 박해하였으므로 사도라 칭함 받기를 감당하지 못할 자니라 모든 성도 중에 지극히 작은 자보다 더 작은 나에게 이 은혜를 주신 것은 측량할 수 없는 그리스도의 풍성함을 이방인에게 전하게 하시고 미쁘다 모든 사람이 받을 만한 이 말이여 그리스도 예수께서 죄인을 구원하시려고 세상에 임하셨다 하였도다 죄인 중에 내가 괴수니라."

44 1월 2일 (계 22:12-15)

논공행상

"보라 내가 속히 오리니 내가 줄 상이 내게 있어 각 사람에게 그가 행한 대로 갚아 주리라 나는 알파와 오메가요 처음과 마지막이요 시작과 마침이라 자기 두루마기를 빠는 자들은 복이 있으니 이는 그들이 생명나무에 나아가며 문들을 통하여 성에 들어갈 권세를 받으려 함이로다 개들과 점술가들과 음행하는 자들과 살인자들과 우상숭배자들과 및 거짓말을 좋아하며 지어내는 자는 다 성 밖에 있으리라."

45 1월 3일 (마 6:30-34)

하나님 나라와 의

"오늘 있다가 내일 아궁이에 던지우는 들풀도 하나님이 이렇게 입히시거든 하물며 너희일까 보냐 믿음이 작은 자들아 그러므로 염려하여 이르기를 무엇을 먹을까 무엇을 마실까 무엇을 입을까 하지 말라 이는 다 이방인들이 구하는 것이라 너희 하늘 아버지께서 이 모든 것이 너희에게 있어야 할 줄을 아시느니라 그런즉 너희는 먼저 그의 나라와 그의 의를 구하라 그리하면 이 모든 것을 너희에게 더하시리라 그러므로 내일 일을 위하여 염려하지 말라 내일 일은 내일이 염려할 것이요 한 날의 괴로움은 그 날로 족하니라."

46 1월 4일 (호 4:6, 6:1–3)

하나님을 아는 지식

눈이 많이 내려서 땅이 미끄럽다. 차량 기사님의 안전을 위해 새벽 예배 때 많이 기도하게 되었고, 가르치는 아이들을 위해서도 하나님께서 주신 선물이기에 매일 감사기도를 하게 된다. 오늘도 하나님을 더 깊이 알아 가는 하루가 되기를 부르짖는 기도로 하루의 서막을 열어 본다.

"내 백성이 지식이 없으므로 망하는도다 네가 지식을 버렸으니 나도 너를 버려 내 제사장이 되지 못하게 할 것이요 네가 네 하나님의 율법을 잊었으니 나도 네 자녀들을 잊어버리리라 오라 우리가 여호와께로 돌아가자 여호와께서 우리를 찢으셨으나 도로 낫게 하실 것이요 우리를 치셨으나 싸매어 주실 것임이라 여호와께서 이틀 후에 우리를 살리시며 셋째 날에 우리를 일으키시리니 우리가 그의 앞에서 살리라 그러므로 우리가 여호와를 알자 힘써 여호와를 알자 그의 나타나심은 새벽빛같이 어김없나니 비와 같이, 땅을 적시는 늦은 비와 같이 우리에게 임하시리라 하니라."

47 1월 5일 (호 6:6, 11:8)

하나님의 긍휼

말씀 속에 거한다고 하면서도 믿음으로 실행치 못하는 나 자신을 보며 우울한 마음이 들지만, 사탄의 교묘한 속임수로 틈타는 낙심을 예수 이름으로 떨쳐 버리고 한량없는 하나님의 긍휼을 기대해 본다.

> "나는 인애를 원하고 제사를 원하지 아니하며 번제보다 하나님을 아는 것을 원하노라 에브라임이여 내가 어찌 너를 놓겠느냐 이스라엘이여 내가 어찌 너를 버리겠느냐 내가 어찌 너를 아드마같이 놓겠느냐 어찌 너를 스보임같이 두겠느냐 내 마음이 내 속에서 돌이키어 나의 긍휼이 온전히 불붙듯 하도다."

48 1월 6일 (요 15:4-7)

내 안에 거하라

하나님을 새롭게 만난 몇 년 전부터는 사소한 일조차도 성령님께 맡겨 왔다. 오늘은 약간 늦게 출근해서 시작을 서두르려 하는데 평소와 다르게 성령님께서 불같이 역사하심이 느껴졌다. 뜬금없이 가볍게

라도 청소를 해야겠다는 생각이 강하게 들었고, 아이들에게 양해를 구하고 재빨리 청소기를 돌렸다. 막 마치고 1분도 채 안 되어 어떤 고등학생과 그 아빠가 상담을 하러 왔는데, 순간 하나님께서 보내신 선물임이 느껴졌다. 상담을 마치고 조심스레 여쭤 보니 인근의 작은 교회 목사님이셨다. 얼마나 감동이 되는지……. 잘 가르칠게요!

"내 안에 거하라 나도 너희 안에 거하리라 가지가 포도나무에 붙어 있지 아니하면 스스로 열매를 맺을 수 없음같이 너희도 내 안에 있지 아니하면 그러하리라 나는 포도나무요 너희는 가지라 그가 내 안에, 내가 그 안에 거하면 사람이 열매를 많이 맺나니 나를 떠나서는 너희가 아무것도 할 수 없음이라 사람이 내 안에 거하지 아니하면 가지처럼 밖에 버려져 마르나니 사람들이 그것을 모아다가 불에 던져 사르느니라 너희가 내 안에 거하고 내 말이 너희 안에 거하면 무엇이든지 원하는 대로 구하라 그리하면 이루리라."

49 1월 7일 (요 15:14-16)

친구

날마다 영적 전쟁을 치르다 보면 참으로 에너지가 많이 소모된다. 그리고 또 세상적으론 많이 외롭다. 어떻게든 주님이 친구 되심을 생각하고 오늘도 이겨 보자!

"너희는 내가 명하는 대로 행하면 곧 나의 친구라 이제부터는 너희를 종이라 하지 아니하리니 종은 주인이 하는 것을 알지 못함이라 너희를 친구라 하였노니 내가 내 아버지께 들은 것을 다 너희에게 알게 하였음이라 너희가 나를 택한 것이 아니요 내가 너희를 택하여 세웠나니 이는 너희로 가서 열매를 맺게 하고 또 너희 열매가 항상 있게 하여 내 이름으로 아버지께 무엇을 구하든지 다 받게 하려 함이라."

50 1월 8일 (창 26:12-13; 신 1:11)

차고 넘치는 복

처음부터 시작하여 2시간 암송을 하여도 분량을 4분의 1도 못하니 요즘은 그야말로 말씀의 홍수다. 오늘은 어느 정도 정리하고 2파트부터 암송을 했다. 말씀이 혈액을 타고 흐르니 육신의 축복은 물론 영의 축복까지도 차고 넘쳐, 감사하는 마음과 기쁨이 성령의 뜨거움과 함께 저 밑바닥에서부터 뭉클뭉클 솟구친다.

"이삭이 그 땅에서 농사하여 그해에 백 배나 얻었고 여호와께서 복을 주시므로 그 사람이 창대하고 왕성하여 마침내 거부가 되어 너희 조상의 하나님 여호와께서 너희를 현재보다 천 배나 많게 하시며 너희에게 허락하신 것과 같이 너희에게 복 주시기를 원하노라."

51 1월 9일 (눅 6:38; 빌 4:19)

채우시리니 나누라

나눈다는 것은 이론상으론 쉬운데 막상 실천하려면 참으로 어렵다. 작은 것은 되는데 좀 액수가 커지면 더더욱 그렇다. 성령님께서 돕지 않으시면 항상 계산이 먼저 앞서니 아이구~~! 육체의 소욕을 날마다 십자가에 단단히 못 박으리라 다짐해 본다.

> "주라 그리하면 너희에게 줄 것이니 곧 후히 되어 누르고 흔들어 넘치도록 하여 너희에게 안겨 주리라 너희가 헤아리는 그 헤아림으로 너희도 헤아림을 도로 받을 것이니라 나의 하나님이 그리스도 예수 안에서 영광 가운데 그 풍성한 대로 너희 모든 쓸 것을 채우시리라."

52 1월 10일 (마 6:4, 6)

은밀히 하라

하나님의 도우심은 실로 놀랍다. 누구를 통해서도 돕게 하신다. 오늘 아침 망설이다 약간 무리를 해서 구제를 위해 썼는데, 갑자기 저녁 무렵 15년도 지난 마무리 안 된 교육비를 전혀 예상치 않게 받았다. 매일의 생활 가운데 체험하게 하시는 하나님의 놀라운 역사에 입이

다물어지지 않는다.

"네 구제함을 은밀하게 하라 은밀한 중에 보시는 너의 아버지께서 갚으시리라 너는 기도할 때에 네 골방에 들어가 문을 닫고 은밀한 중에 계신 네 아버지께 기도하라 은밀한 중에 보시는 네 아버지께서 갚으시리라."

53 1월 11일 (마 5:3-10)

팔복

오늘까지 해서 월요일부터 시작되었던 특새(특별 새벽 기도)가 끝났다. 얼마나 은혜가 되었던지 특별한 기적과 기사로 많은 환자들이 병 고침을 받았고, 뭇 성도들이 성령의 역사를 체험하였던 것 같다. 하지만 은혜가 있으면 사탄도 교묘히 틈을 타는지라 기도 중에 선명히 보이는데, 피가 흐르는 생돼지고기를 사람들이 즐겨 먹으며 내게도 권했다. 너무 더럽고 추해 놀랐지만 담대히 예수 이름으로 물리쳤다. 지금도 생각하면 소름이 끼친다.

"심령이 가난한 자는 복이 있나니 천국이 그들의 것임이요 애통하는 자는 복이 있나니 그들이 위로를 받을 것임이요 온유한 자는 복이 있나니 그들이 땅을 기업으로 받을 것임이요 의에 주리고 목마른 자는 복이 있나니 그들이 배부를 것임이요 긍휼히 여기는 자는 복이 있나니 그들이 긍휼히 여김을 받을 것임이요 마음이 청결한 자는 복이 있나니 그들이 하나님을 볼 것임이요 화평하게 하는 자는 복이 있나니 그들이 하나님의 아들이 라 일컬음을 받을 것임이요 의를 위하여 박해를 받은 자는 복이 있나니 천국이 그들의 것임이라."

54 1월 12일 (딤전 6:10; 히 13:5)

돈

"돈을 사랑함이 일만 악의 뿌리가 되나니 이것을 탐내는 자들은 미혹을 받아 믿음에서 떠나 많은 근심으로써 자기를 찔렀도다 돈을 사랑하지 말고 있는 바를 족한 줄로 알라 그가 친히 말씀하시기를 내가 결코 너희를 버리지 아니하고 과연 너희를 떠나지 아니하리라 하셨느니라."

55 1월 13일 (엡 5:8–9; 약 3:17; 롬 14:17)

빛의 자녀들

연 3일째 꿈과 환상을 통해 먹을 것으로 사탄의 역사를 보여주셨다. 오늘도 15년을 넘게 해오던 모임의 엄마들이 식사하던 중 소주를 몇 병 시키더니 큰 컵으로 다 한 잔씩 마시며 내게도 권했다. 난 단연코

물을 달라고 했는데, 어떤 엄마가 내게 잔을 권하며 물을 붓고 거기에 소주를 몇 방울 떨어뜨렸다. 친한 사이였지만 난 정중히 컵을 엎고 자리를 떠났다. 관계에 대한 두려움이 약간 있었지만 나서면서 곧바로 이기게 하시는 하나님을 찬양하게 되었다.

"너희가 전에는 어둠이더니 이제는 주 안에서 빛이라 빛의 자녀들처럼 행하라 빛의 열매는 모든 착함과 의로움과 진실함에 있느니라 오직 위로부터 난 지혜는 첫째 성결하고 다음에 화평하고 관용하고 양순하며 긍휼과 선한 열매가 가득하고 편견과 거짓이 없나니 하나님의 나라는 먹는 것과 마시는 것이 아니요 오직 성령 안에 있는 의와 평강과 희락이라."

56 1월 14일 (시 8:4; 욥 7:17-19)

크신 사랑

"사람이 무엇이기에 주께서 그를 생각하시며 인자가 무엇이기에 주께서 그를 돌보시나이까 사람이 무엇이기에 주께서 그를 크게 만드사 그에게 마음을 두시고 아침마다 권징하시며 순간마다 단련하시나이까 주께서 내게서 눈을 돌이키지 아니하시며 내가 침을 삼킬 동안도 나를 놓지 아니하시기를 어느 때까지 하시리이까."

57 1월 15일 (마 5:17–18; 롬 10:4)

율법

“내가 율법이나 선지자를 폐하러 온 줄로 생각하지 말라 폐하러 온 것이 아니요 완전하게 하려 함이라 진실로 너희에게 이르노니 천지가 없어지기 전에는 율법의 일점 일획도 결코 없어지지 아니하고 다 이루리라 그리스도는 모든 믿는 자에게 의를 이루기 위하여 율법의 마침이 되시니라.”

58 1월 16일 (계 3:20; 요 6:51)

떡

“볼지어다 내가 문 밖에 서서 두드리노니 누구든지 내 음성을 듣고 문을 열면 내가 그에게로 들어가 그와 더불어 먹고 그는 나와 더불어 먹으리라 나는 하늘에서 내려온 살아 있는 떡이니 사람이 이 떡을 먹으면 영생하리라 내가 줄 떡은 곧 세상의 생명을 위한 내 살이니라 하시니라.”

59 1월 17일 (시 23편)

여호와는 나의 목자

그야말로 자나 깨나 말씀의 바다에 푹 빠져 있다. 이제 워낙 암송 분량이 많아지다 보니 더더욱 그렇다. 정말 환호의 비명을 지르고 있다. 문단 연결이 잘 안 되는 곳을 매끄럽게 연결시키고 싶어도 암송의 한계를 넘는 요절은 넣을 수가 없다. 정직하게 내가 다 외우고 소화시키는 것을 넣어야 이 글을 읽고 함께 암송하시는 독자들도 공감을 할 것이기에, 아쉽지만 내용이 부족한 듯 적은 듯하기도 하다. 더 깊이 기도하면서 말씀을 선별하고 있다. 잘하고 있는지 성령님께서도 너무 기뻐하신다. 계속 기도의 끈을 놓지 않으리라.

"여호와는 나의 목자시니 내게 부족함이 없으리로다 그가 나를 푸른 풀밭에 누이시며 쉴 만한 물가로 인도하시는도다 내 영혼을 소생시키시고 자기 이름을 위하여 의의 길로 인도하시는도다 내가 사망의 음침한 골짜기로 다닐지라도 해를 두려워하지 않을 것은 주께서 나와 함께하심이라 주의 지팡이와 막대기가 나를 안위하시나이다 주께서 내 원수의 목전에서 내게 상을 차려 주시고 기름을 내 머리에 부으셨으니 내 잔이 넘치나이다 내 평생에 선하심과 인자하심이 반드시 나를 따르리니 내가 여호와의 집에 영원히 살리로다."

60 1월 18일 (시 117편)

여호와를 찬양하라

"너희 모든 나라들아 여호와를 찬양하며 너희 모든 백성들아 그를 찬송할지어다 우리에게 향하신 여호와의 인자하심이 크시고 진실하심이 영원함이로다 할렐루야."

61 1월 19일 (시 127:1, 116:8)

지켜 주심

"여호와께서 집을 세우지 아니하시면 세우는 자의 수고가 헛되며 여호와께서 성을 지키지 아니하시면 파수꾼의 깨어 있음이 헛되도다 주께서 내 영혼을 사망에서, 내 눈을 눈물에서, 내 발을 넘어짐에서 건지셨나이다."

62 1월 20일 (시 136:1–8)

감사하라

오래전부터 아이들을 가르칠 때 중요한 내용은 노래로 암송을 시키곤 했다. 그런데 이제는 성경 암송을 할 때 감동을 받은 것은 동요, 명곡, 찬송가, 가요를 적절하게 선택하여 노래로 만들어 부르곤 한다. 오늘 말씀은 '옛 시인의 노래'에 맞춰 암송했는데 정말 감성을 자극하며 많은 은혜가 되었다.

"여호와께 감사하라 그는 선하시며 그 인자하심이 영원함이로다 신들 중에 뛰어난 하나님께 감사하라 그 인자하심이 영원함이로다 주들 중에 뛰어난 주께 감사하라 그 인자하심이 영원함이로다 홀로 큰 기이한 일들을 행하시는 이에게 감사하라 그 인자하심이 영원함이로다 지혜로 하늘을 지으신 이에게 감사하라 그 인자하심이 영원함이로다 땅을 물 위에 펴신 이에게 감사하라 그 인자하심이 영원함이로다 큰 빛들을 지으신 이에게 감사하라 그 인자하심이 영원함이로다 해로 낮을 주관하게 하신 이에게 감사하라 그 인자하심이 영원함이로다."

63 1월 21일 (신 6:4-9)

들으라

부~자다. 정말 부~자다. 날마다 암송이 쌓이니 말씀으로 부~자다. 안 먹어도 정말 배부르고, 하늘에 큰 보화 창고가 지어져 그 안에 가득 가득 쌓이니 너무 부~자다.

"이스라엘아 들으라 우리 하나님 여호와는 오직 유일한 여호와이시니 너는 마음을 다하고 뜻을 다하고 힘을 다하여 네 하나님 여호와를 사랑하라 오늘 내가 네게 명하는 이 말씀을 너는 마음에 새기고 네 자녀에게 부지런히 가르치며 집에 앉았을 때에든지 길을 갈 때에든지 누워 있을 때에든지 일어날 때에든지 이 말씀을 강론할 것이며 너는 또 그것을 네 손목에 매어 기호를 삼으며 네 미간에 붙여 표로 삼고 또 네 집 문설주와 바깥문에 기록할지니라."

64 1월 22일 (**딤후 2:3-4**)

주의 군사

"너는 그리스도 예수의 좋은 병사로 나와 함께 고난을 받으라 병사로 복무하는 자는 자기 생활에 얽매이는 자가 하나도 없나니 이는 병사로 모집한 자를 기쁘게 하려 함이라."

65 1월 23일 (**살전 5:16-22**)

하나님의 뜻

아침 일찍 하루 일정에 대해 계획할 때마다 성령님과 무관하게 세웠던 내 생각들은 여지없이 깨지고 만다. 그 일을 통해 분명한 하나님의 뜻을 알게 하신다. 그래서 그런지 일이 내 계획대로 안 되었음에도 불구하고 마음이 정말 기쁘고 흐뭇하기만 하다.

"항상 기뻐하라 쉬지 말고 기도하라 범사에 감사하라 이것이 그리스도 예수 안에서 너희를 향하신 하나님의 뜻이니라 성령을 소멸하지 말며 예언을 멸시하지 말고 범사에 헤아려 좋은 것을 취하고 악은 어떤 모양이라도 버리라."

66 1월 24일 (시 103:1-5, 12-16, 22)

송축하라

말씀으로 시작하고 말씀으로 생활하고 말씀으로 하루를 마무리하는 내 삶이 정말 영화롭다는 생각이 든다. 다만 세상 것은 전보다 많이 부족해서 가족들은 좀 불편을 겪는다. 안 믿는 남편은 너무 불편하다고 자꾸 말한다. 미안한 만큼 더 많은 중보기도로 가족들에게 영의 축복을 채워야겠다.

"내 영혼아 여호와를 송축하라 내 속에 있는 것들아 다 그의 거룩한 이름을 송축하라 내 영혼아 여호와를 송축하며 그 모든 은택을 잊지 말지어다 저가 네 모든 죄악을 사하시며 네 모든 병을 고치시며 네 생명을 파멸에서 속량하시고 인자와 긍휼로 관을 씌우시며 좋은 것으로 네 소원을 만족하게 하사 네 청춘을 독수리같이 새롭게 하시는도다 동이 서에서 먼 것같이 우리 죄과를 우리에게서 멀리 옮기셨으며 아비가 자식을 불쌍히 여김같이 여호와께서 자기를 경외하는 자를 불쌍히 여기시나니 이는 저가 우리의 체질을 아시며 우리가 진토임을 기억하심이로다 인생은 그 날이 풀과 같으며 그 영화가 들의 꽃과 같도다 그것은 바람이 지나면 없어지나니 그곳이 다시 알지 못하거니와 여호와의 지으심을 받고 그가 다스리시는 모든 곳에 있는 너희여 여호와를 송축하라 내 영혼아 여호와를 송축하라."

67 1월 25일 (행 16:25-26, 18:9-10)

매인 것이 벗어짐

"한밤중에 바울과 실라가 기도하고 하나님을 찬송하매 죄수들이 듣더라 이에 갑자기 큰 지진이 나서 옥터가 움직이고 문이 곧 다 열리며 모든 사람의 매인 것이 다 벗어진지라 밤에 주께서 환상 가운데 바울에게 말씀하시되 두려워하지 말며 침묵하지 말고 말하라 내가 너와 함께 있으매 어떤 사람도 너를 대적하여 해롭게 할 자가 없을 것이니 이는 이 성중에 내 백성이 많음이라 하시더라."

68 1월 26일 (신 28:12-13)

하늘의 보고

"여호와께서 너를 위하여 하늘의 아름다운 보고를 여시사 네 땅에 때를 따라 비를 내리시고 네 손으로 하는 모든 일에 복을 주시리니 네가 많은 민족에게 꾸어 줄지라도 너는 꾸지 아니할 것이요 여호와께서 너를 머리가 되고 꼬리가 되지 않게 하시며 위에만 있고 아래에 있지 않게 하시리니 오직 너는 내가 오늘날 네게 명령하는 네 하나님 여호와의 명령을 듣고 지켜 행하며."

69 1월 27일 (마 11:28-30)

쉬게 하심

"수고하고 무거운 짐 진 자들아 다 내게로 오라 내가 너희를 쉬게 하리라 나는 마음이 온유하고 겸손하니 나의 멍에를 메고 내게 배우라 그리하면 너희 마음이 쉼을 얻으리니 이는 내 멍에는 쉽고 내 짐은 가벼움이라 하시니라."

70 1월 28일 (전 11:9; 시 119:9-10, 13)

청년의 삶

오늘은 문득 말씀을 깨닫지 못했던 지난날들을 생각해 보았다. 교회를 그렇게 오랫동안 다니면서도 그 보물과 그 비밀을 왜 그렇게도 몰랐는지, 왜 그렇게도 바보 같았는지, 왜 귀를 기울이지 못했는지 정말 이해가 안 간다. 지금 이 순간 역시 다가올 미래에 비쳐질 내 모습에 후회를 남기지 않도록 성령님의 도우심 가운데 쉬지 않고 달려가야 되지 않을까?

"청년이여 네 어린 때를 즐거워하며 네 청년의 날들을 마음에 기뻐하여 마음에 원하는 길과 네 눈이 보는 대로 행하라 그러나 하나님이 이 모든 일로 말미암아 너를 심판하실 줄 알라 청년이 무엇으로 그의 행실을 깨끗하게 하리이까 주의 말씀만 지킬 따름이니이다 내가 전심으로 주를 찾았사오니 주의 계명에서 떠나지 말게 하소서 주의 입의 모든 규례들을 나의 입술로 선포하였으며."

1월 29일 (단 12:3)

지혜로운 자

요즘은 또다시 하나님께서 강력한 꿈과 환상을 보여주시는데, 감히 그분의 생각을 알 수 없기에 겸손한 마음으로 말씀을 받고 더욱 말씀을 암송할 뿐이다. 오늘은 지혜를 주제로 주셨는데, 감사에 감사를 더할 뿐이다. 사는 동안 내 생각은 줄이고 오직 말씀으로만 채워지기를 다시 한 번 소망해 본다.

"지혜 있는 자는 궁창의 빛과 같이 빛날 것이요 많은 사람을 옳은 데로 돌아오게 한 자는 별과 같이 영원토록 빛나리라."

1월 30일 (사 11:2; 신 8:12~13, 17~18)

여호와를 기억하라

너무나 선명한 꿈이어서 온몸에 전율이 왔다. 요즘 들어 세상과 절친이 되어 믿지 않는 남편이 얼마나 답답한지 포기하고 싶을 정도였는데, 세세히 다 아시는 하나님께서 어김없이 꿈을 통해, 그분을 경외하며 자신을 낮추고 상대방을 인정하여 의를 이루라는 말씀을 아주 또렷하게 몇 번이나 강조하며 주셨다. 감동도 되고 힘든 숙제라서 답답하기도 하지만, 힘을 다해 말씀을 암송하고 묵상하여 나를 더욱 낮춰 관계가 생명임을 되새기며, 더욱 주의 얼굴을 구하는 생활을 하리라 다짐해 본다.

"그의 위에 여호와의 영 곧 지혜와 총명의 영이요 모략과 재능의 영이요 지식과 여호와를 경외하는 영이 강림하시리니 네가 먹어서 배부르고 아름다운 집을 짓고 거주하게 되며 또 네 소와 양이 번성하며 네 은금이 증식되며 네 소유가 다 풍부하게 될 때에 그러나 네가 마음에 이르기를 내 능력과 내 손의 힘으로 내가 이 재물을 얻었다 말할 것이라 네 하나님 여호와를 기억하라 그가 네게 재물 얻을 능력을 주셨음이라 이같이 하심은 네 조상들에게 맹세하신 언약을 오늘과 같이 이루려 하심이니라."

73 1월 31일 (사 52:7)

듣고 전하게 하심

어김없이 하나님께서 선명한 꿈으로 또 이끄셨다. 살다가 실수하거나 길을 잘못 선택하거나 또 일이 꼬였을 땐 주의 말씀을 잘 듣고 전하라는 말씀을 강조하셨다. 지난번에 책을 쓸 때도 계속 꿈으로 이끄셨는데, 하찮기만 한 내게 이렇게도 귀한 선물로 인도하시다니 놀랍기만 하다. 안간힘을 쓰는 모습이 가상해 보였는지 주제를 알려 주시는 성령님, 내일은 어떤 주제로 암송하게 될지 정말 기대가 된다. 더욱 겸손할 것을 다짐하며 온 마음으로 감사를 올려 본다.

> "좋은 소식을 전하며 평화를 공포하며 복된 좋은 소식을 가져오며 구원을 공포하며 시온을 향하여 이르기를 네 하나님이 통치하신다 하는 자의 산을 넘는 발이 어찌 그리 아름다운가."

74 2월 1일 (눅 12:19-20; 요 11:25-26, 4:14)

영혼의 안식

정말 놀랍고 감사하게도 오늘도 새벽녘에 음성을 통해 주제를 알려

주셨다. 오직 말씀과 더불어 우리 주 예수 그리스도 안에서 십자가 보혈로 인해, 위에서부터 아래까지 정결하게 됨으로 영혼의 안식을 취하라는 것이었다.

"또 내가 내 영혼에게 이르되 영혼아 여러 해 쓸 물건을 많이 쌓아 두었으니 평안히 쉬고 먹고 마시고 즐거워하자 하리라 하되 하나님은 이르시되 어리석은 자여 오늘 밤에 네 영혼을 도로 찾으리니 그러면 네 준비한 것이 누구의 것이 되겠느냐 하셨으니 예수께서 이르시되 나는 부활이요 생명이니 나를 믿는 자는 죽어도 살겠고 무릇 살아서 나를 믿는 자는 영원히 죽지 아니하리니 이것을 네가 믿느냐 내가 주는 물을 마시는 자는 영원히 목마르지 아니하리니 내가 주는 물은 그 속에서 영생하도록 솟아 나는 샘물이 되리라."

75 2월 2일 (신 17:19, 3:15; 딤후 3:15~17; 행 17:11)

성경을 항상 읽으라

매일 주제를 인도하시는 성령님께 감사드립니다. 그런데 특이한 것은 알고 있었던 사람들과의 관계와 이름을 통해 역사하시는 것이었다. 너무 선명하게 인도하시니 평안 가운데서도 긴장을 늦출 수 없다. 오늘 주제는 너무 사람들이 깨닫지를 못해서 읽는 정도가 약하니, 무슨 상황에 처하든 항상 성경을 가까이하며 읽어서 하나님의 생각을 알아야 된다는 것이었다.

"평생에 자기 옆에 두고 읽어 그의 하나님 여호와 경외하기를 배우며 이 율법의 모든 말과 이 규례를 지켜 행할 것이라 또 어려서부터 성경을 알았나니 성경은 능히 너로 하여금 그리스도 예수 안에 있는 믿음으로 말미암아 구원에 이르는 지혜가 있게 하느니라 모든 성경은 하나님의 감동으로 된 것으로 교훈과 책망과 바르게 함과 의로 교육하기에 유익하니 이는 하나님의 사람으로 온전하게 하며 모든 선한 일을 행할 능력을 갖추게 하려 함이라 베뢰아에 있는 사람들은 데살로니가에 있는 사람들보다 더 너그러워서 간절한 마음으로 말씀을 받고 이것이 그러한가 하여 날마다 성경을 상고하므로."

76 2월 3일 (전 3:1-3, 11, 12:13-14)

사람의 본분

오늘도 인도하신 성령님, 감사드립니다. 말씀에 순종하며 행하는 것이 정말 주님을 기쁘시게 하는 것임을 알게 하신 하나님께 감사드립니다.

"범사에 기한이 있고 천하 만사가 다 때가 있나니 날 때가 있고 죽을 때가 있으며 심을 때가 있고 심은 것을 뽑을 때가 있으며 죽일 때가 있고 치료할 때가 있으며 헐 때가 있고 세울 때가 있으며 하나님이 모든 것을 지으시되 때를 따라 아름답게 하셨고 또 사람들에게는 영원을 사모하는 마음을 주셨느니라 그러나 하나님의 하시는 일의 시종을 사람으로 측량할 수 없게 하셨도다 일의 결국을 다 들었으니 하나님을 경외하고 그의 명령들을 지킬지어다 이것이 모든 사람의 본분이니라 하나님은 모든 행위와 모든 은밀한 일을 선악간에 심판하시리라."

77 2월 4일 (**딤후 4:2; 고전 9:16, 2:4-5**)

말씀을 전파하라 1

주제를 인도하시는 성령님, 감사드립니다.

"너는 말씀을 전파하라 때를 얻든지 못 얻든지 항상 힘쓰라 범사에 오래 참음과 가르침으로 경책하며 경계하며 권하라 내가 복음을 전할지라도 자랑할 것이 없음은 내가 부득불 할 일임이라 만일 복음을 전하지 아니하면 내게 화가 있을 것이로다 내 말과 내 전도함이 설득력 있는 지혜의 말로 하지 아니하고 다만 성령의 나타나심과 능력으로 하여 너희 믿음이 사람의 지혜에 있지 아니하고 다만 하나님의 능력에 있게 하려 하였노라."

78 2월 5일 (골 4:2-3)

말씀을 전파하라 2

조만간 뭔가 중요한 어떠한 일들이 펼쳐지려는지 계속 주제를 인도하시는 성령님, 두렵고 떨리며 기뻐하며 즐거워하는 마음으로 감사드립니다.

"기도를 계속하고 기도에 감사함으로 깨어 있으라 또한 우리를 위하여 기도하되 하나님이 전도할 문을 우리에게 열어 주사 그리스도의 비밀을 말하게 하시기를 구하라 내가 이 일 때문에 매임을 당하였노라."

79 2월 6일 (약 1:2-7)

인내를 온전히 이루라

"내 형제들아 너희가 여러 가지 시험을 당하거든 온전히 기쁘게 여기라 이는 너희 믿음의 시련이 인내를 만들어내는 줄 너희가 앎이라 인내를 온전히 이루라 이는 너희로 온전하고 구비하여 조금도 부족함이 없게 하려 함이라 너희 중에 누구든지 지혜가 부족하거든 모든 사람에게 후히 주시고 꾸짖지 아니하시는 하나님께 구하라 그리하면 주시리라 오직 믿음으로 구하고 조금도 의심하지 말라 의심하는 자는 마치 바람에 밀려 요동하는 바다 물결 같으니 이런 사람은 무엇이든지 주께 얻기를 생각하지 말라."

80 2월 7일 (벧전 1:8-9)

영혼의 구원

오늘 구절을 암송하면서 너무 감동이 되어 엉엉 울었다. 결국 믿음이란 보이지 않는 세계에서 보이는 세계로 옮겨지는 결실임을 고백해 본다.

"예수를 너희가 보지 못하였으나 사랑하는도다 이제도 보지 못하나 믿고 말할 수 없는 영광스러운 즐거움으로 기뻐하니 믿음의 결국 곧 영혼의 구원을 받음이라."

81 2월 8일 (레 17:11)

생명이 피에 있음이라

난 이전엔 많이 아팠었다. 건강 관리를 전혀 안 하고 몸을 혹사시키며 살다가 어느 날 늦둥이를 낳고 난 후 머리끝에서 발끝까지 안 아픈 곳이 없게 되었다. 그런데 지금은 병원 한 번 가지 않고도 날아갈 듯 몸이 건강해졌다. 우리 몸의 생명은 피에 있기에 예수 보혈로 우리 모두의 더러운 피를 날마다 새롭고 정결케 하여 영혼육이 늘 강건하기를 희망해 본다.

"육체의 생명은 피에 있음이라 내가 이 피를 너희에게 주어 제단에 뿌려 너희의 생명을 위하여 속죄하게 하였나니 생명이 피에 있으므로 피가 죄를 속하느니라."

82 2월 9일 (사 51:2-3; 계 21:4)

여호와의 품

아버지께서는 우리를 택하셨기에 그릇된 길로 가면 채찍을 드신다. 하지만 우리가 진심으로 회개하고 돌이켰을 땐 상상 못할 축복으로 예비하신다. 그것을 알게 하신 놀라운 섭리에 감사와 찬송을 올립니다.

"너희의 조상 아브라함과 너희를 낳은 사라를 생각하여 보라 아브라함이 혼자 있을 때에 내가 그를 부르고 그에게 복을 주어 창성하게 하였느니라 나 여호와가 시온의 모든 황폐한 곳들을 위로하여 그 사막을 에덴 같게, 그 광야를 여호와의 동산 같게 하였나니 그 가운데에 기뻐함과 즐거워함과 감사함과 창화하는 소리가 있으리라 모든 눈물을 그 눈에서 닦아 주시니 다시는 사망이 없고 애통하는 것이나 곡하는 것이나 아픈 것이 다시 있지 아니하리니 처음 것들이 지나갔음이러라."

83 2월 10일 (**대하 20:12; 출 14:14**)

오직 주만 바라보라

"우리 하나님이여 그들을 징벌하지 아니하시나이까 우리를 치러 오는 이 큰 무리를 우리가 대적할 능력이 없고 어떻게 할 줄도 알지 못하옵고 오직 주만 바라보나이다 하고 여호와께서 너희를 위하여 싸우시리니 너희는 가만히 있을지니라."

84 2월 11일 (고전 15:10)

하나님의 은혜

생각해 보면 모든 것이 하나님의 은혜일진대, 오늘 하루만이라도 바울의 고백이 내 고백이 되게 해달라고 부르짖어 간절히 기도합니다.

> "그러나 내가 나 된 것은 하나님의 은혜로 된 것이니 내게 주신 그의 은혜가 헛되지 아니하여 내가 모든 사도보다 더 많이 수고하였으나 내가 한 것이 아니요 오직 나와 함께하신 하나님의 은혜로라."

85 2월 12일 (잠 1:7, 19:23; 시 33:18–19)

경외하라

난 초등학교 6학년 어느 순간부터 공부가 쉽고 재미있다고 느껴져서 그런지, 그게 뭔지도 모른 채 책들과 씨름하며 수도 없이 코피도 쏟고 날도 많이 새웠던 기억이 난다. 결국 대학 졸업한 해부터 조그만 학원을 열어 아이들을 가르치게 되었고, 벌써 외길로만 30년이 되어 간다. 그런데 이제야 되돌아보며 깨닫는 것은 그 모든 것이 이 글과 하나님의 사역을 위해 가르치고 전파하는 자로 준비시키신 과정이라는 것이다. 하나님의 귀하신 섭리에 감사드립니다.

"여호와를 경외하는 것이 지식의 근본이거늘 미련한 자는 지혜와 훈계를 멸시하느니라 여호와를 경외하는 것은 사람으로 생명에 이르게 하는 것이라 경외하는 자는 족하게 지내고 재앙을 당하지 아니하느니라 여호와는 그를 경외하는 자 곧 그의 인자하심을 바라는 자를 살피사 그들의 영혼을 사망에서 건지시며 그들이 굶주릴 때에 그들을 살리시는도다."

86 2월 13일 (히 5:7)

말씀을 견고하게 하라

어제 '경외하라'의 암송이 잘 안 되어 부족한 부분이 있었는데, 역시나 재정비하길 원하신다는 메시지를 주셨다. 말씀을 견고하게 재정비하라는 명하심에 무릎 꿇어 순종해야겠다.

"그는 육체에 계실 때에 자기를 죽음에서 능히 구원하실 이에게 심한 통곡과 눈물로 간구와 소원을 올렸고 그의 경건하심으로 말미암아 들으심을 얻었느니라."

87 2월 14일 (창 12:1-3, 27:28-29)

언약

몇 년 전 예언의 은사가 있던 동생을 통해 주셨던 약속의 말씀들을 매일 묵상해 왔는데, 지금 와서 바라보니 그 순간에는 몰랐어도 시간이 지난 지금은 성취되어 가고 있음을 확연히 알 수 있었다. 앞으로 펼쳐질 미래에 대해서도 기쁨으로 큰 소망을 가져 본다.

"여호와께서 아브람에게 이르시되 너는 너의 고향과 친척과 아버지의 집을 떠나 내가 네게 보여줄 땅으로 가라 내가 너로 큰 민족을 이루고 네게 복을 주어 네 이름을 창대하게 하리니 너는 복이 될지라 너를 축복하는 자에게는 내가 복을 내리고 너를 저주하는 자에게는 내가 저주하리니 땅의 모든 족속이 너로 말미암아 복을 얻을 것이라 하신지라 하나님은 하늘의 이슬과 땅의 기름짐이며 풍성한 곡식과 포도주를 네게 주시기를 원하노라 만민이 너를 섬기고 열국이 네게 굴복하리니 네가 형제들의 주가 되고 네 어머니의 아들들이 네게 굴복하며 너를 저주하는 자는 저주를 받고 너를 축복하는 자는 복을 받기를 원하노라."

88 2월 15일 (마 8:14-15; 행 3:6-8; 약 5:15; 눅 6:19; 행 4:30)

병 고치심

"예수께서 베드로의 집에 들어가사 그의 장모가 열병으로 앓아 누운 것을 보시고 그의 손을 만지시니 열병이 떠나가고 여인이 일어나서 예수께 수종들더라 베드로가 이르되 은과 금은 내게 없거니와 내게 있는 이것을 네게 주노니 나사렛 예수 그리스도의 이름으로 일어나 걸으라 하고 오른손을 잡아 일으키니 발과 발목이 곧 힘을 얻고 뛰어 서서 걸으며 그들과 함께 성전으로 들어가면서 걷기도 하고 뛰기도 하며 하나님을 찬송하니 믿음의 기도는 병든 자를 구원하리니 주께서 그를 일으키시리라 혹시 죄를 범하였을지라도 사하심을 받으리라 온 무리가 예수를 만지려고 힘쓰니 이는 능력이 예수께로부터 나와서 모든 사람을 낫게 함이러라 손을 내밀어 병을 낫게 하시옵고 표적과 기사가 거룩한 종 예수의 이름으로 이루어지게 하옵소서 하더라."

89 2월 16일 (요 1:47; 단 7:10)

진실의 찬란함과 심판

성경 암송을 하다 보니 정말 하나님의 말씀은 태만히 할 수가 없다는 것을 절절히 깨닫는다. 실컷 외웠는데 며칠이 지나면 또 잊어버리기 때문이다. 부단히 훈련하여 아버지께 한 걸음 더 가까이 다가가기를 소망해 본다.

"예수께서 나다나엘이 자기에게 오는 것을 보시고 그를 가리켜 이르시되 보라 이는 참으로 이스라엘 사람이라 그 속에 간사한 것이 없도다 불이 강처럼 흘러 그의 앞에서 나오며 그를 섬기는 자는 천천이요 그 앞에서 모셔 선 자는 만만이며 심판을 베푸는데 책들이 펴 놓였더라."

90 2월 17일 (행 9:15; 딤후 2:21)

준비된 그릇

세상에 욕심이 줄어드니 내 모습은 그전보다 더 초라한 듯 보이지만 겉사람은 낡아지나 속사람은 날로 강성함을 기억하며 주의 준비된 그릇을 위해 살아가는 삶에 위로와 박차를 가해 본다.

"주께서 이르시되 가라 이 사람은 내 이름을 이방인과 임금들과 이스라엘 자손들에게 전하기 위하여 택한 나의 그릇이라 그러므로 누구든지 이런 것에서 자기를 깨끗하게 하면 귀히 쓰는 그릇이 되어 거룩하고 주인의 쓰심에 합당하며 모든 선한 일에 준비함이 되리라."

91 2월 18일 (행 10:2, 4; 잠 11:24–25)

경건과 구제

"그가 경건하여 온 집안과 더불어 하나님을 경외하며 백성을 많이 구제하고 하나님께 항상 기도하더니 고넬료가 주목하여 보고 두려워 이르되 주여 무슨 일이니이까 천사가 이르되 네 기도와 구제가 하나님 앞에 상달하여 기억하신 바가 되었으니 흩어 구제하여도 더욱 부하게 되는 일이 있나니 과도히 아껴도 가난하게 될 뿐이니라 구제를 좋아하는 자는 풍족하여질 것이요 남을 윤택하게 하는 자는 자기도 윤택하여지리라."

92 2월 19일 (시 115:11–13)

여호와를 의지하라

비몽사몽 눈을 뜨면서부터 말씀을 읊조리며 허스키한 목소리로 말씀을 찬양하게 된다. 처음엔 이런 훈련이 무척 힘들었다. 하지만 날마다 습관처럼 하다 보니 이제는 아주 자연스럽고 성령으로 가득 찬 마음이 기쁘고, 오늘 하루 하나님께서 펼치실 일들과 만남에 대해 너무 가슴이 설렌다.

"여호와를 경외하는 자들아 너희는 여호와를 의지하여라 그는 너희의 도움이시요 너희의 방패시로다 여호와께서 우리를 생각하사 복을 주시되 이스라엘 집에도 복을 주시고 아론의 집에도 복을 주시며 높은 사람이나 낮은 사람을 막론하고 여호와를 경외하는 자들에게 복을 주시리로다."

2월 20일 (렘 33:2-3; 요 14:26)

놀라운 비밀

하나님을 알고 만나고 교제하며 깨닫게 된 것은 날마다 놀라운 일들이 벌어진다는 것이다. 정말 이 땅에서도 천국의 삶을 사는 것은 실제 있는 일임이 확실하다.

"일을 행하시는 여호와, 그것을 만들며 성취하시는 여호와, 그의 이름을 여호와라 하는 이가 이와 같이 이르시도다 너는 내게 부르짖으라 내가 네게 응답하겠고 네가 알지 못하는 크고 은밀한 일을 네게 보이리라 보혜사 곧 아버지께서 내 이름으로 보내실 성령 그가 너희에게 모든 것을 가르치고 내가 너희에게 말한 모든 것을 생각나게 하리라."

94 2월 21일 (창 3:3-7, 18-19)

생명과를 선택하라

도대체 오늘은 왜 이 주제를 주셨는지 곰곰이 생각해 보았다. 우리는 늘 죄 가운데 살면서 그 죄와 적당히 타협하고 또 잘 깨닫지를 못한다. 선악과를 버리고 생명과를 선택하며, 나의 지독한 혼돈과 공허와 흑암의 세계에 그리스도의 말씀의 빛으로 진정한 회개에 이르기를 역시 소망해 본다.

"동산 중앙에 있는 나무의 열매는 하나님의 말씀에 너희는 먹지도 말고 만지지도 말라 너희가 죽을까 하노라 하셨느니라 뱀이 여자에게 이르되 너희가 결코 죽지 아니하리라 너희가 그것을 먹는 날에는 너희 눈이 밝아져 하나님과 같이 되어 선악을 알 줄 하나님이 아심이니라 여자가 그 나무를 본즉 먹음직도 하고 보암직도 하고 지혜롭게 할 만큼 탐스럽기도 한 나무인지라 여자가 그 열매를 따 먹고 자기와 함께 있는 남편에게도 주매 그도 먹은지라 이에 그들의 눈이 밝아져 자기들이 벗은 줄을 알고 무화과나무 잎을 엮어 치마로 삼았더라 땅이 네게 가시덤불과 엉겅퀴를 낼 것이라 네가 먹을 것은 밭의 채소인즉 네가 흙으로 돌아갈 때까지 얼굴에 땀을 흘려야 먹을 것을 먹으리니 네가 그것에서 취함을 입었음이라 너는 흙이니 흙으로 돌아갈 것이니라 하시니라."

95 2월 22일 (잠 4:18; 삼하 23:4)

의인의 길

"의인의 길은 돋는 햇살 같아서 크게 빛나 한낮의 광명에 이르거니와 그는 돋는 해의 아침 빛 같고 구름 없는 아침 같고 비 내린 후의 광선으로 땅에서 움이 돋는 새 풀 같으니라 하시도다."

96 2월 23일 (롬 7:21~8:2)

생명의 성령의 법

우리 속에 성령을 모시지 못했을 땐 율법으로 인해 죄와 사망의 그늘에서 늘 불편했던 것이 사실이다. 그러나 그리스도의 생명의 성령의 법이 죄와 사망의 법에서 우리를 해방함으로 우리가 그 안에서 자유롭고 말할 수 없는 평안함을 느낄 수 있게 되었으니 정말 감사하고 또 감사할 뿐이다.

"그러므로 내가 한 법을 깨달았노니 곧 선을 행하기 원하는 나에게 악이 함께 있는 것이로다 내 속으로는 하나님의 법을 즐거워하되 내 지체 속에서 한 다른 법이 내 마음의 법과 싸워 내 지체 속에 있는 죄의 법으로 나를 사로잡는 것을 보는도다 오호라 나는 곤고한 사람이로다 이 사망의 몸에서 누가 나를 건져내랴 우리 주 예수 그리스도로 말미암아 하나님께 감사하리로다 그런즉 내 자신이 마음으로는 하나님의 법을 육신으로는 죄의 법을 섬기노라 그러므로 이제 그리스도 예수 안에 있는 자에게는 결코 정죄함이 없나니 이는 그리스도 예수 안에 있는 생명의 성령의 법이 죄와 사망의 법에서 너를 해방하였음이라."

97 2월 24일 (시 56:10; 행 13:48; 왕하 6:16-17)

말씀을 찬송하게 하심

계속해서 말씀을 노래로 바꿔서 암송을 이중으로 하는데, 성령의 감동도 두 배가 되어 마구마구 가슴이 뛴다.

"내가 하나님을 의지하여 그의 말씀을 찬송하며 여호와를 의지하여 그의 말씀을 찬송하리이다 이방인들이 듣고 기뻐하여 하나님의 말씀을 찬송하며 영생을 주시기로 작정된 자는 다 믿더라 대답하되 두려워하지 말라 우리와 함께한 자가 그들과 함께한 자보다 많으니라 하고 기도하여 이르되 여호와여 원하건대 그의 눈을 열어서 보게 하옵소서 하니 여호와께서 그 청년의 눈을 여시매 그가 보니 불말과 불병거가 산에 가득하여 엘리사를 둘렀더라."

98 2월 25일 (출 3:5; 수 5:15)

거룩한 곳

주일 새벽이라 그런지 내가 낳은 정말 예쁜 사내아기를 품에 안고 계속 밥에 생선과 부드러운 음식을 주는 꿈을 꾸었다. 아기가 과할 정도로 받아먹어서 체할까 걱정했는데 무탈하게 잘 소화시키며 맛있게 먹었다. 그 모습이 얼마나 사랑스러웠는지……. 주 안에서 정말 잘 양육하고 맛있게 먹일, 하나님께서 창세 전부터 만남으로 예비하신 새 가족을 기대해 본다.

> "하나님이 이르시되 이리로 가까이 오지 말라 네가 선 곳은 거룩한 땅이니 네 발에서 신을 벗으라 여호와의 군대 대장이 여호수아에게 이르되 네 발에서 신을 벗으라 네가 선 곳은 거룩하니라 하니 여호수아가 그대로 행하니라."

99 2월 26일 (신 4:31, 32:4)

하나님 여호와는

오늘도 새벽에 또 꿈을 주셨는데, 이번엔 계속 비타민 같은 튜브형

영양제로 끊임없이 공급하기를 원하셨다. 어제는 종일 새 가족을 기다렸는데 아무도 오지 않았다. 귀한 일꾼임에 틀림없을 텐데……누굴까? 하나님께서 서로 나누게 하실 분이 더욱 궁금해진다.

"네 하나님 여호와는 자비하신 하나님이심이라 그가 너를 버리지 아니하시며 너를 멸하지 아니하시며 네 조상들에게 맹세하신 언약을 잊지 아니하시리라 그는 반석이시니 그가 하신 일이 완전하고 그의 모든 길이 정의롭고 진실하고 거짓이 없으신 하나님이시니 공의로우시고 바르시도다."

100 2월 27일 (민 15:41; 레 18:5)

행하면 살리라

오늘 아침은 성령님께서 다른 날보다 더 뜨겁게 하시는데, 그 크신 역사에 대해 도통 무엇 때문인지 알 수가 없다. 도대체 내가 알 수 있고 할 수 있는 일이 뭘까를 아무리 생각해 보아도 잘 모르고 또 부족하기만 했다. 기쁜데도 불구하고 답답한 마음에 한편으론 자괴감마저 들었다. 일단 교만과 내 의를 죽이고자 금식하고 기도하며, 성령님 허락하신 대로 내 생각을 내려놓고 말씀에 전념해 본다.

"나는 여호와 너희 하나님이라 나는 너희의 하나님이 되려고 너희를 애굽 땅에서 인도해 내었느니라 나는 여호와 너희의 하나님이니라 너희는 나의 규례와 법도를 지키라 사람이 이를 행하면 그로 말미암아 살리라 나는 여호와이니라."

101 2월 28일 (출 16:31; 민 11:8, 14:28; 엡 5:4)

감사하라

오늘도 하나님께서 세우실 귀한 일꾼에게 말씀을 먹일 것을 보여주셨다. 그리고 그 사람을 위해 기도하는데 자꾸 비 오듯 눈물이 쏟아졌다. 하지만 누군지 알 수는 없었다. 그러다 갑자기 동생에게 문자가 왔다. "언니, 나 정읍에 볼 일 있어 왔다가 이제 올라가려는데 시간되면 잠깐 전주에 들를까?" "그래, 점심 준비해 놓을게." '아, 동생이었구나.' 믿음도 깊고 초등학교 3학년부터 새벽예배 반주를 시작해서인지 하나님을 일찍 만났고, 교회 일이라면 목숨까지 내놓을 정도로 열심히 하는 동생이었다. 그런데 찬양 사역에만 매달리는 모습이 안타까워 말씀을 먹이고 싶어하시나 생각되어 '서로 바쁘니 식사하면서 말씀을 전해야겠다고' 생각하고 있었다. 그런데 동생에게 문자가 다시 왔다. "동행이 있는데 어렸을 적 함께 교회 다녔던 친구야. 데려가도 괜찮아?" "당연, 괜찮지."

잠시 뒤에 40대의 남자가 얼굴이 빨개져서 동생을 뒤따라 들어왔다. 첫눈에 이 사람임을 알 수 있었다. 얼굴이 아이에서 아저씨로 바뀌었을 뿐 똑같았다. 그 사람은 중고등부 때부터 하나님을 깊이 만났고 신학교에 입학해서 나름 목회의 길을 가려 했는데 여러 사건들이 생겨 중도 포기했다고 했다. 그동안 하나님을 만나지 못하고 주일에만 겨우 교회에 가고 있었는데 얼마 전부터 계속 교회에 가면 눈물만 흘리다 온다고 했다. 동생 역시 이 친구를 위해 중보기도를 하는데 계속 눈물이 난다고 했다. 말씀을 나누고 또 나름 만들었던 매일 암송지를 주며 중보기도를 약속했다. 성령님께서 말할 수 없이 기뻐하셨고, 그 사람이 돌아가자 마음이 정말 평온해졌다.

"이스라엘 족속이 그 이름을 만나라 하였으며 깟씨같이 희고 맛은 꿀 섞은 과자 같았더라 백성이 두루 다니며 그것을 거두어 맷돌에 갈기도 하며 절구에 찧기도 하고 가마에 삶기도 하여 과자를 만들었으니 그 맛이 기름 섞은 과자 맛 같았더라 그들에게 이르기를 여호와의 말씀에 내 삶을 두고 맹세하노라 너희 말이 내 귀에 들린 대로 내가 너희에게 행하리니 누추함과 어리석은 말이나 희롱의 말이 마땅치 아니하니 오히려 감사하는 말을 하라."

102 2월 29일 (마 4:4, 7, 10)

기록된 말씀으로 이기심

"기록되었으되 사람이 떡으로만 살 것이 아니요 하나님의 입으로부터 나오는 모든 말씀으로 살 것이라 하였느니라 또 기록되었으되 주 너의 하나님을 시험하지 말라 하였느니라 사탄아 물러가라 기록되었으되 주 너의 하나님께 경배하고 다만 그를 섬기라."

103 3월 1일 (시 110:3)

주께 나아옴

"주의 권능의 날에 주의 백성이 거룩한 옷을 입고 즐거이 헌신하니 새벽 이슬 같은 주의 청년들이 주께 나오는도다."

104 3월 2일 (마 11:20-21)

회개하라

매일매일 주제를 알려주시고 인도하시며 역사하시는 성령님, 감사드립니다. 주신 제목이 때로 어렵기도 하고 말이 매끄럽지도 못하지만 보이신 가르침 따라 순종하겠나이다. 더불어 제 속에 감춰진 그 축복의 세계로 이끄심 또한 감사드립니다.

"예수께서 권능을 가장 많이 행하신 고을들이 회개하지 아니하므로 그때에 책망하시되 화 있을진저 고라신아 화 있을진저 벳새다야 너희에게 행한 모든 권능을 두로와 시돈에서 행하였더라면 그들이 벌써 베옷을 입고 재에 앉아 회개하였으리라."

105 3월 3일 (딤후 2:15; 요일 5:4; 요 16:33)

말씀을 퍼뜨리라 1

음성에 민감하기 위해 새벽녘이면 온통 귀가 쫑긋해진다. 오늘도 어김없이 제목 속에서 내가 해야 할 일이 어떤 것인지 분별하게 해주신 하나님께 온 마음으로 감사를 드립니다.

"너는 진리의 말씀을 옳게 분별하며 부끄러울 것이 없는 일꾼으로 인정된 자로 자신을 하나님 앞에 드리기를 힘쓰라 무릇 하나님께로부터 난 자마다 세상을 이기느니라 세상을 이기는 승리는 이것이니 우리의 믿음이니라 이것을 너희에게 이르는 것은 너희로 내 안에서 평안을 누리게 하려 함이라 세상에서는 너희가 환난을 당하나 담대하라 내가 세상을 이기었노라."

106 3월 4일 (벧전 1:7; 골 1:28-29)

말씀을 퍼뜨리라 2

내일 드디어 심부름으로 받아 적어 왔던 책이 출간된다. 그래서 그런지 2주 전부터 계속 말씀을 널리 퍼뜨리라고 하신다. 방법도 잘 모르고, 더 지불해야 할 경비도 이제 바닥을 보이지만 어찌 순종해야 할지도 전혀 모른다. 그래서 더욱 부르짖어 기도해보려 한다.

"너희 믿음의 확실함은 불로 연단하여도 없어질 금보다 더 귀하여 예수 그리스도께서 나타나실 때에 칭찬과 영광과 존귀를 얻게 할 것이니라 우리가 그를 전파하여 각 사람을 권하고 모든 지혜로 각 사람을 가르침은 각 사람을 그리스도 안에서 완전한 자로 세우려 함이니 이를 위하여 나도 내 속에서 능력으로 역사하시는 이의 역사를 따라 힘을 다하여 수고하노라."

107 **3월 5일 (살전 2:13; 요 1:14)**

말씀을 퍼뜨리라 3

드디어 책이 나왔다. 감격과 기쁨이 넘치지만 내성적인 내게 글은 백 번이라도 쓰겠는데 자꾸 '온누리에 퍼뜨리라'는 말씀은 부담이 되어 괴롭기까지 했다. 너무 고민을 하니 믿음이 없던 남편일지라도 보다 못해서 "너 혼자 크리스천이야? 왜 무거운 짐을 혼자 지고 가려고 해? 목사님 찾아가 봐." "우리 목사님 바쁘시고 또 난 그런 부탁 잘 못하겠어." "그럼 같이 가보자." 그렇게 떠밀리듯 목사님을 찾아 뵙고 남편은 저돌적으로 "제 아내가 썼지만 목사님과 제가 온누리에 퍼뜨리는 역할을 해주면 어떻겠습니까?"라고 말했다. 목사님은 처음엔 당황하셨지만 흔쾌히 허락하셨고, 먼저 출판 기념 예배를 드려 하나님께 올리자고 했다. 실로 놀라운 일이었다. 집에 돌아와 기도하던 중 저자 시연 때 지금까지 훈련해 오던 성경 암송을 하면 좋겠고, 은혜 되는 대로 준비해 보아야겠다는 생각이 들었다.

"이러므로 우리가 하나님께 끊임없이 감사함은 너희가 우리에게 들은 바 하나님의 말씀을 받을 때에 사람의 말로 받지 아니하고 하나님의 말씀으로 받음이니 진실로 그러하도다 이 말씀이 또한 너희 믿는 자 가운데에서 역사하느니라 말씀이 육신이 되어 우리 가운데 거하시매 우리가 그의 영광을 보니 아버지의 독생자의 영광이요 은혜와 진리가 충만하더라."

108 3월 6일 (사 7:4)

두려워 말며 낙심하지 말라

교회에 적당히 다니다 이제는 틈만 나면 성경을 읽는 내게 남편은 변해도 너무 변한 것 같다며 행여 나쁜 방향으로 잘못되지 않으려나 우려를 표했고, 주일예배와 구역예배 외에 교회 나가는 것에 강력히 반대했다. 이미 독수리 제자훈련을 시작한 터라 말도 못하고 몰래 나가다 드디어 남편이 알게 되었다. 나는 속으로 '이제 죽었구나' 하면서 그동안 예지력이 있어 중간 역할로 늘 말씀을 받아 주던 동생에게 전화를 했다. "형부가 화가 많이 났는데 어떡해?" "언니, 걱정 마. 하나님께서 내게 언니에 관한 말씀을 주셨어." 이렇듯 외줄 타기 하던 몇 년 전 일이 엊그제처럼 떠오른다. 그때 위로와 감동을 받아서 열심히 외우던 그 말씀을 오늘 다시 암송하려 하니 정말 감회가 새롭다.

"그에게 이르기를 너는 삼가며 조용하라 르신과 아람과 르말리야의 아들이 심히 노할지라도 이들은 연기 나는 두 부지깽이 그루터기에 불과하니 두려워하지 말며 낙심하지 말라."

109 3월 7일 (골 2:6-7)

감사함을 넘치게 하라

신학기라 그런지 돈 들어갈 곳이 하도 많아 머릿속이 편치 않아서 떨치고 더욱 말씀에 집중하려 애를 쓰고 있었는데 "띵동" 문자 오는 소리가 나서 보니 갑자기 작은아이 학교에서 100만 원이 입금되었다. '참 이상도 하네.' 그래도 정직이 생명인데 행정실로 전화해서 어쩌다 착오가 있었나 보다고 계좌 알려주시면 다시 돌려드리겠다고 했더니 ○○○ 학생이 공부를 특별히 잘 해서 학교에서 주는 장학금이라고 하였다. 학업보다는 큐티와 성경암송을 더 강조하며 키우던 터라 전혀 기대하지도 또 생각지도 못했기에 어안이 벙벙했지만, 곧바로 여호와 이레의 하나님께 감사드렸다.

"그러므로 너희가 그리스도 예수를 주로 받았으니 그 안에서 행하되 그 안에 뿌리를 박으며 세움을 받아 교훈을 받은 대로 믿음에 굳게 서서 감사함을 넘치게 하라."

110 3월 8일 (눅 3:7-9; 사 1:18-20)

회개하며 다 고하라

내 삶이 다람쥐 쳇바퀴 돌듯 집과 학원과 교회만 왔다 갔다 반복하던 터라, 공동체 속에서 여러 사람들 앞에 서서 나를 드러내는 것은 실로 낯설다. 하지만 합력하여 선을 이루고, 또 조금이라도 더 주께 순종하기 위해 담대히 용기를 내어 회개하며 푯대를 향해 조금씩 더 나아가야겠다.

"요한이 세례 받으러 나아오는 무리에게 이르되 독사의 자식들아 누가 너희에게 일러 장차 올 진노를 피하라 하더냐 그러므로 회개에 합당한 열매를 맺고 속으로 아브라함이 우리 조상이라 말하지 말라 내가 너희에게 이르노니 하나님이 능히 이 돌들로도 아브라함의 자손이 되게 하시리라 이미 도끼가 나무 뿌리에 놓였으니 좋은 열매 맺지 아니하는 나무마다 찍혀 불에 던져지리라 여호와께서 말씀하시되 오라 우리가 서로 변론하자 너희의 죄가 주홍 같을지라도 눈과 같이 희어질 것이요 진홍같이 붉을지라도 양털같이 희게 되리라 너희가 즐겨 순종하면 땅의 아름다운 소산을 먹을 것이요 너희가 거절하여 배반하면 칼에 삼켜지리라 여호와의 입의 말씀이니라."

111 3월 9일 (행 2:21–22)

권능과 기사와 표적

'존 스턴트' 목사님은 죽음에 대해 초연한 것은 물론 하늘에 산 소망을 두었기에 죽음 자체를 아주 기쁘게 맞이했다는 얘기를 들었다. 이 땅의 모든 크리스천들도 한결같이 그리스도 안에 참 소망을 둔 채 잠시 여행 온 나그네로 복음 전파의 사명을 감당하며 살다가, 그리운 본향 집에 기쁘게 돌아간다면 얼마나 좋을까?

"누구든지 주의 이름을 부르는 자는 구원을 받으리라 하였느니라 이스라엘 사람들아 이 말을 들으라 너희도 아는 바와 같이 하나님께서 나사렛 예수로 큰 권능과 기사와 표적을 너희 가운데서 베푸사 너희 앞에서 그를 증언하셨느니라."

112 3월 10일 (시 27:1; 잠 23:7; 사 33:22)

나의 빛, 나의 구원

"여호와는 나의 빛이요 나의 구원이시니 내가 누구를 두려워하리요 여호와는 내 생명의 능력이시니 내가 누구를 무서워하리요 대저 그 마음의 생각이 어떠하면 그 위인도 그러한즉 그가 네게 먹고 마시라 할지라도 그의 마음은 너와 함께하지 아니함이라 대저 여호와는 우리 재판장이시요 여호와는 우리에게 율법을 세우신 이시요 여호와는 우리의 왕이시니 그가 우리를 구원하실 것임이라."

113 3월 11일 (롬 1:1-2)

택정

몇 년째 새 가족들을 만나면서 한 가지 깨달은 사실은, 그 많은 시간 동안 수많은 사람들을 만나면서 축은 하나이지만 그 나누는 내용은 모두 천차만별 다 달랐다는 것이다. 이미 창세 전부터 예비하신 만남이었기에, 또 새 가족 한 분 한 분이 소중한 하나님의 선물이었기에, 예수 그리스도를 근간으로 한 전달 방법과 말씀 내용들이 다 다를 수 있었던 것 같다.

"예수 그리스도의 종 바울은 사도로 부르심을 받아 하나님의 복음을 위하여 택정함을 입었으니 이 복음은 하나님이 선지자들을 통하여 그의 아들에 관하여 성경에 미리 약속하신 것이라."

114 3월 12일 (롬 12:11; 잠 24:33-34)

게으르지 마라

"부지런하여 게으르지 말고 열심을 품고 주를 섬기라 네가 좀 더 자자, 좀 더 졸자, 손을 모으고 좀 더 누워 있자 하니 네 빈궁이 강도같이 오며 네 곤핍이 군사같이 이르리라."

115 3월 13일 (시 44:3; 애 5:21)

출애굽

몇 주 동안 동생이 알고 있던 지인과 연락하면서 말씀을 나누는데, 이론은 알지만 행동으로 옮기는 것은 쉽지 않아 하는 것을 보고 좀 답답한 마음이 들었다. 그런데 오늘은 또 꿈속에서 계속 그 사람을 위해 소원하는 것으로 말씀 찬양을 부르게 하셨다. '석별의 정'에 맞춰진 말씀 찬양인데, 장절은 확실치 않아 찾아봐야겠다고 생각하고 있었는데 마침 동생에게서 전화가 왔다. "언니, 그 친구가 내일 언니 만나러 안디옥교회 가기로 했는데, 일하다 허리를 삐어 움직이질 못하고 파스 붙이고 있는데 어떻게든 가겠다고 약속하네." 순간 10여 년 전 나도 너무 허리가 아픈 적이 있었는데, 지금은 원로목사님이신 그 당시 담임목사님께 3-4분 정도 기도를 받고 씻은 듯이 나았던 것이 생각났다. 아마 이분도 살아 계신 하나님의 역사를 체험하기에 좋은 계기가 될 수 있을 거라는 생각이 든다. 내일이 기다려진다.

"그들이 자기 칼로 땅을 얻어 차지함이 아니요 그들의 팔이 그들을 구원함도 아니라 오직 주의 오른손과 주의 팔과 얼굴의 빛으로 하셨으니 주께서 그들을 기뻐하신 까닭이니이다 여호와여 우리를 주께로 돌이키소서 그리하시면 우리가 주께로 돌아가겠사오니 우리의 날들을 새롭게 하사 옛적 같게 하옵소서."

116 3월 14일 (삿 14:1, 15:20, 16:1, 4, 21:25)

자기 소견대로

세상에서 갈 곳 몰라 방황하는 우리를 교회 공동체로 이끄신 하나님을 찬양합니다. 날마다 내 생각을 내려놓고 왕이신 하나님께서 주관하시고 통치하심을 인정하며 성령께서 가르치시고 인도하시는 대로 행하기를 원합니다.

동생 친구가 아픈 몸을 이끌고 정읍에서 전주까지 찾아왔다. 다른 분과 함께 새 가족 교육을 받고 아무도 없는 곳에서 아픈 곳에 손을 얹고 기도했다. 보잘것없지만 성령의 능력으로 말씀 기도를 했다. 성령께서 어찌나 뜨겁게 역사하시는지 하나님께서 만지심이 느껴졌고

쾌유되었음을 과감히 선포할 수 있었다.

> "삼손이 딤나에 내려가서 거기서 블레셋 사람의 딸들 중에서 한 여자를 보고 블레셋 사람의 때에 삼손이 이스라엘의 사사로 이십 년 동안 지냈더라 삼손이 가사에 가서 거기서 한 기생을 보고 그에게로 들어갔더니 이후에 삼손이 소렉 골짜기의 들릴라라 이름하는 여인을 사랑하매 그 때에 이스라엘에 왕이 없으므로 사람이 각각 자기의 소견에 옳은 대로 행하였더라."

117 3월 15일 (룻 4:18-22)

기업 무를 자

천지가 없어지기 전에는 율법의 일점 일획도 결코 없어지지 아니하고 다 이루리라고 하셨는데, 성경 속에 들어 있는 그 많은 족보들이 왜 그렇게도 예수 그리스도 오시기 전까지 많이 나오는지 몇 년 전까지만 해도 이해할 수가 없었다. 그러다가 어느 날 '아담 셋 에노스~ 베레스 헤스론~ 르호보암 아비아~ 스알디엘 스룹바벨~ 맛단 야곱 요셉 예수 그리스도'를 암송하면서 기록된 사실로서의 역사와, 믿기만 하면 예수 그리스도를 통한 온 인류 공동체의 하나 됨을 비로소 깨닫게 되니, 그 놀라움에 잠시 숨이 멎는 것 같았다.

"베레스의 계보는 이러하니라 베레스는 헤스론을 낳고 헤스론은 람을 낳았고 람은 암미나답을 낳았고 암미나답은 나손을 낳았고 나손은 살몬을 낳았고 살몬은 보아스를 낳았고 보아스는 오벳을 낳았고 오벳은 이새를 낳고 이새는 다윗을 낳았더라."

118 3월 16일 (삼상 17:45)

여호와의 이름

단단히 무장을 하다가도 단 몇 분만 방심하면 사탄이 우리 혼(정신)을 통해 교묘히 침투해 들어오는데 정말 지겨울 정도다. 욥의 고백처럼 침 삼킬 동안도 말씀과 기도를 놓지 않고 주의 이름으로 방패 삼아 전투태세를 흩지 않아야겠다.

"다윗이 블레셋 사람에게 이르되 너는 칼과 창과 단창으로 내게 나아오거니와 나는 만군의 여호와의 이름 곧 네가 모욕하는 이스라엘 군대의 하나님의 이름으로 네게 나아가노라."

119 3월 17일 (사 7:14, 9:6)

구원자

먼저 여호와 이레로 도우시며 놀랍게 역사하시는 하나님 감사드립니다. 출판 기념 예배를 이미 준비해 두셨던 하나님, 주위 여러분을 통해 저의 부족함도 끝없이 채우시고, 비록 안 믿는 사람이 섞여 있지만 최선을 다해 하나님 나라의 확장과 영광을 돕게 하심도 감사드립니다.

갑작스럽게 날짜가 잡혔고 초대장에, 순서지 속에 들어갈 특별 공연에, 각종 신문사에서 알게 되어 인터뷰에, 어렵게 느껴질 책에 대한 요약문에 정말 너무 바빴다. 초대에 응하신 많은 믿지 않는 분들에게 복음의 씨앗을 뿌려 예배라는 것이 무엇인지를 알게 해주고 싶은 간절한 마음이 있었기에, 리베라 호텔을 이용하자고 했던 남편을 설득해 여러 가지 불편한 점 투성이였던 깡통교회로 알려진 전주안디옥교회에서 출판 기념 예배를 드리게 하심도 감사드렸다. 특히 그동안 훈련해 왔던 성경 암송을 저자 시연으로 가름했을 때, 많은 사람들이 감동으로 눈이 빨갛게 될 정도로 울며 나를 바라봤던 그 설레는 눈빛은 아마 평생 가도 잊을 수가 없을 것 같다. 또한 2차로 '한자 속에서 하나님의 뜻 알기'(ppt)와 '아이들이 부르는 한자 찬양'을 듣고 많은 분들이 환호를 하셨다. 힘은 들었지만 내내 성령이 뜨거웠고, 하나님이 기뻐하시는 것을 느낄 수 있었으며, 놀랍게 펼치시는 하나님의 능력과 사랑이 한량없이 드러나고 있었다. 이제 모든 일을 주 안에서 형통케 하시겠다는 성령님의 약속만을 믿고 오직 힘차게 힘차게 나아가야겠다.

"그러므로 주께서 친히 징조를 너희에게 주실 것이라 보라 처녀가 잉태하여 아들을 낳을 것이요 그의 이름을 임마누엘이라 하리라 이는 한 아기가 우리에게 났고 한 아들을 우리에게 주신 바 되었는데 그 어깨에는 정사를 메었고 그의 이름은 기묘자라, 모사라, 전능하신 하나님이라, 영존하시는 아버지라, 평강의 왕이라 할 것임이라."

120 3월 18일 (롬 12:12, 15:13)

소망의 하나님

어제 출판 감사 기념 예배를 하나님께 올려드린 그 기적 같은 여흥이 오늘까지 감돌았다. 일주일 전부터 날씨를 체크했던 아들이 "엄마, 비 오네요. 어떡하죠?" "걱정 마! 비 안 올 거야. 기도하자." 남편도 "비 오면 데코한 것 합선될까 걱정인데." "당신, 걱정 마세요. 비 안 올 거예요." 일기예보는 어느 것을 보거나 들어도 돌풍을 동반한 비가 하루 종일 온다고 했다. 그런데 하나님의 영광을 위하는 날인데, 단연코 비가 올 리 없음을 여러 번의 체험을 통해 난 이미 알고 있었다. 역시 금요일은 하루 종일 비가 오고 토요일 오전까지 비가 많이도 오다가 오후 행사 시간 즈음에 그쳤다. 행사가 끝나고 밤에 다시 비가 내리기 시작했다. 오신 분들이 한결같이 감동적이었다고 말씀해 주심에 내 마음도 이렇게 기쁜데 하물며 하나님께선 얼마나 기쁘실까 생각했다.

"소망 중에 즐거워하며 환난 중에 참으며 기도에 항상 힘쓰며 소망의 하나님이 모든 기쁨과 평강을 믿음 안에서 너희에게 충만하게 하사 성령의 능력으로 소망이 넘치게 하시기를 원하노라."

121 3월 19일 (잠 8:17; 렘 29:13; 요 14:21)

만남

아침 일찍부터 〈기독신문〉에서 전화가 왔다. 보도국장이신데 인터뷰를 하고 싶다고 하셨다. '말도 잘 못하는데 어떡하지?' 걱정 반 우려 반으로 '세상의 흐름도 잘 모르는데' 하고 점심 약속을 잡았다.

"나를 사랑하는 자들이 나의 사랑을 입으며 나를 간절히 찾는 자가 나를 만날 것이니라 너희가 온 마음으로 나를 구하면 나를 찾을 것이요 나를 만나리라 나의 계명을 지키는 자라야 나를 사랑하는 자니 나를 사랑하는 자는 내 아버지께 사랑을 받을 것이요 나도 그를 사랑하여 그에게 나를 나타내리라."

122 3월 20일 (요 3:16, 14:6; 히 9:27; 행 4:12)

구원의 길

갑자기 책 주문이 들어오기 시작했다. 인터넷 서점을 이용하라고 권하고 가까우신 분께는 삽지까지 첨부하여 내가 직접 드렸다. 경기도의 어떤 교회에서는 목사님께서 책을 다 읽으시고 나서 목회 방침과 맞다 하시면서 6월부터 전 교인 성경공부 책으로 쓰시겠다고 하셨다. 하나님께서 펼치시는 이 놀라운 기적들을 앞으로도 무궁무진하게 보게 될 것이라는 확신이 들었다.

"하나님이 세상을 이처럼 사랑하사 독생자를 주셨으니 이는 그를 믿는 자마다 멸망하지 않고 영생을 얻게 하려 하심이라 예수께서 이르시되 내가 곧 길이요 진리요 생명이니 나로 말미암지 않고는 아버지께로 올 자가 없느니라 한 번 죽는 것은 사람에게 정해진 것이요 그 후에는 심판이 있으리니 다른 이로써는 구원을 받을 수 없나니 천하 사람 중에 구원을 받을 만한 다른 이름을 우리에게 주신 일이 없음이라 하였더라."

123 3월 21일 (시 19:7-10)

여호와의 것

일반 신문인 〈도민일보〉, 〈전라일보〉, 〈전북매일〉 등 6개 신문에 나온 것이 토대가 되어 뒤늦게 〈기독신문〉, 〈크리스천신문〉, CBS 기독교방송에서도 대대적으로 홍보가 되었고, 어안이 벙벙한 하루가 또 가고 있었다. 오직 살아 계신 하나님께 감사할 따름이었다.

"여호와의 율법은 완전하여 영혼을 소성시키며 여호와의 증거는 확실하여 우둔한 자를 지혜롭게 하며 여호와의 교훈은 정직하여 마음을 기쁘게 하고 여호와의 계명은 순결하여 눈을 밝게 하시도다 여호와를 경외하는 도는 정결하여 영원까지 이르고 여호와의 법도 진실하여 다 의로우니 금 곧 많은 순금보다 더 사모할 것이며 꿀과 송이꿀보다 더 달도다."

124 3월 22일 (느 8:6)

여호와께 경배

3월 17일 내용을 암송하는데 '기묘자라 모사라'는 말이 자꾸 마음에 걸려 영어 성경을 찾아봤더니 'He will be called Wonderful Counselor,

Mighty God, Everlasting Father, Prince of Peace'라고 되어 있었다. '아, 멋진 상담자였구나!' 성경탐구 강의하시던 목사님께서 하나님의 특징이라며 5가지로 나누어 설명하셨을 때 약간 어색하다 했는데, 암송을 통해 4특징으로 구분하니 확실히 이해가 되었다. 정확히 알게 하심에 감사를 드렸다.

"에스라가 위대하신 하나님 여호와를 송축하매 모든 백성이 손을 들고 아멘 아멘 하고 응답하고 몸을 굽혀 얼굴을 땅에 대고 여호와께 경배하니라."

125 3월 23일 (신 8:2-3)

증거

〈크리스천 신문〉에 기사를 실었던 기자는 충남 아산의 모 교회 사모님이셨는데, 남편 되는 목사님께서 원래는 지극한 불교 신자로 동국대 불교학과를 나왔다고 했다. 한자에 해박했고 뒤늦게 하나님을 만나고 개종하여 신학까지 하게 되었는데, 이 책을 접하고 완전히 심취되셔서 팬이 되어 신학 박사가 여럿 섞여 있던 목사님들 모임에서 이 책 소개를 하셨고, 모두 한결같이 전율을 느꼈다고 고백하셨다.

"네 하나님 여호와께서 이 사십 년 동안에 네게 광야 길을 걷게 하신 것을 기억하라 이는 너를 낮추시며 너를 시험하사 네 마음이 어떠한지 그 명령을 지키는지 지키지 않는지 알려 하심이라 너를 낮추시며 너를 주리게 하시며 또 너도 알지 못하며 네 조상들도 알지 못하던 만나를 네게 먹이신 것은 사람이 떡으로만 사는 것이 아니요 여호와의 입에서 나오는 모든 말씀으로 사는 줄을 네가 알게 하려 하심이니라."

126 3월 24일 (대하 16:9)

여호와의 눈

어제 암송했던 신명기 8장 2-3절은 그야말로 하나님께서 내게 주시는 말씀이었고, 요 몇 년 동안의 삶을 딱 일축하여 놓은 것 같아서 마음 밑바닥에서부터 올라오는 감동은 형언할 수 없었다.

"여호와의 눈은 온 땅을 두루 감찰하사 전심으로 자기에게 향하는 자들을 위하여 능력을 베푸시나니 이 일은 왕이 망령되이 행하였은즉 이후부터는 왕에게 전쟁이 있으리이다 하매."

127 3월 25일 (골 3:16; 행 1:14)

말씀과 찬양과 기도

우리 교회에선 담임목사님과 사모님을 주축으로 성령님의 중보기도에 온 힘을 쏟고 있다. 수많은 성도들이 커다란 기적과 놀라운 은혜를 날마다 체험하고 있으며, 나 역시 새벽마다 부르짖으며 생명수 강에 기쁨으로 적셔 있게 된다.

"그리스도의 말씀이 너희 속에 풍성히 거하여 모든 지혜로 피차 가르치며 권면하고 시와 찬송과 신령한 노래를 부르며 감사하는 마음으로 하나님을 찬양하고 여자들과 예수의 어머니 마리아와 예수의 아우들과 더불어 마음을 같이하여 오로지 기도에 힘쓰더라."

128 3월 26일 (엡 4:30; 계 21:8)

둘째 사망

나도 모른 채 성령님을 근심시키는 일이 없었는지 습관적으로 시간마다 말씀 되신 생명과로 비춰 보게 된다. 선악과와 생명과 중에서 무엇을 선택하느냐에 따라 다른 사람을 비방, 원망하거나 또 스스로 불평하게 되든지 아니면 자신의 죄를 깨닫게 되어 회개하든지 둘 중 하나인 것 같은데, 순간의 실수로 먹음직하고 보암직하고 지혜롭게 할 만큼 탐스러운 외식의 선악과를 선택해 영혼의 사망에 이르지 않기를 소망해 본다.

"하나님의 성령을 근심하게 하지 말라 그 안에서 너희가 구원의 날까지 인치심을 받았느니라 그러나 두려워하는 자들과 믿지 아니하는 자들과 흉악한 자들과 살인자들과 음행하는 자들과 점술가들과 우상숭배자들과 거짓말하는 모든 자들은 불과 유황으로 타는 못에 던져지리니 이것이 둘째 사망이라."

129 3월 27일 (시 66:8-12)

풍부한 곳에 들이심

며칠 동안 세상의 화려함에 묻혀서인지 전혀 주의 음성을 들을 수가 없었다. 성령님께서 뭔가 말씀하시는 것 같은데 도대체 알아들을 수가 없어서, 하는 수 없이 식음을 전폐하고 사람들과 대화도 자제하고 오직 말씀과 기도에만 전념하며, 만나를 기다리는 광야 백성처럼 하나님의 임재를 사모하며 주의 음성을 기다렸다.

"만민들아 우리 하나님을 송축하며 그의 찬양 소리를 들리게 할지어다 그는 우리 영혼을 살려 두시고 우리의 실족함을 허락하지 아니하시는 주시로다 하나님이여 주께서 우리를 시험하시되 우리를 단련하시기를 은을 단련함같이 하셨으며 우리를 끌어 그물에 걸리게 하시며 어려운 짐을 우리 허리에 매어 두셨으며 사람들이 우리 머리를 타고 가게 하셨나이다 우리가 불과 물을 통과하였더니 주께서 우리를 끌어내사 풍부한 곳에 들이셨나이다."

130 3월 28일 (갈 5:22-24)

성령의 열매

왜 음성을 들을 수 없는지 겨우 알게 되었다. 《보물의 향연》 한자를 심부름하듯 로봇처럼 기록만 하였지, 도대체 그 깊은 뜻이 무엇인지 묵상하지 않았었다. 깊이 연구하고 하나님의 뜻이 무엇인지 계속 알아야 되는데 3D 업종처럼 조금 힘들다고 등한시하였던 것이다. 새벽에 창세기부터 다시 새롭게 정리하여 세세히 살피는데, 다시금 성령님께서 가슴 밑바닥에서부터 뜨겁게 신호를 보내주시는데 불이 난 것처럼 주체 불가능할 정도였다. 암송도 관련된 성구를 찾아서 시작하였다.

어리석음을 깨달아 열매 맺게 하시는 성령님, 감사드립니다.

"오직 성령의 열매는 사랑과 희락과 화평과 오래 참음과 자비와 양선과 충성과 온유와 절제니 이 같은 것을 금지할 법이 없느니라 그리스도 예수의 사람들은 육체와 함께 그 정욕과 탐심을 십자가에 못 박았느니라."

131 3월 29일 (창 7:11-12, 24, 8:13-14)

노아 홍수

성경 속엔 셀 수 없는 기적들이 많다. 하지만 분명히 하나님의 감동으로 사람을 통해서 기록된 역사기에 모두 연도와 시기와 기록한 이가 있다. 불과 몇 독과 몇 번의 필사밖에는 못했지만 읽으면 읽을수록 그 정확하고 크신 섭리에 놀라움을 금치 못하게 된다.

"노아가 육백 세 되던 해 둘째 달 곧 그 달 열이렛날이라 그날에 큰 깊음의 샘들이 터지며 하늘의 창문들이 열려 사십 주야를 비가 땅에 쏟아졌더라 물이 백오십 일을 땅에 넘쳤더라 육백일 년 첫째 달 곧 그 달 초하룻날에 땅 위에서 물이 걷힌지라 노아가 방주 뚜껑을 제치고 본즉 지면에서 물이 걷혔더니 둘째 달 스무이렛날에 땅이 말랐더라."

132 3월 30일 (시 81:8, 10; 사 60:21~22)

주의 백성

인간은 조금만 위로 올라가면 교만해진다. 오늘도 피 터지게 치열한 영적 전투를 벌인다. "나사렛 예수 이름으로 명하노니 더러운 교만과 욕심은 떠나갈지어다."

날마다 말씀을 덧입고 부르짖어 입을 크게 열게 하소서.

> "내 백성이여 들으라 내가 네게 증언하리라 이스라엘이여 내게 듣기를 원하노라 나는 너를 애굽 땅에서 인도하여 낸 여호와 네 하나님이니 네 입을 크게 열라 내가 채우리라 하였으나 네 백성이 다 의롭게 되어 영원히 땅을 차지하리니 그들은 내가 심은 가지요 내가 손으로 만든 것으로서 나의 영광을 나타낼 것인즉 그 작은 자가 천 명을 이루겠고 그 약한 자가 강국을 이룰 것이라 때가 되면 나 여호와가 속히 이루리라."

133 3월 31일 (창 28:12)

야곱의 사다리

크리스천 중에서 하나님과 평행선으로 달리지 않고 친밀히 교제하기를 원하지 않는 사람이 어디 있으랴? 그렇다면 더욱 구별된 삶으로 자신을 쳐서 복종시키며 귀한 희생의 예수 보혈을 뿌리고 덮고 바르며 또한 주께 변론하며 부르짖어 나아가야 될 것이다.

"꿈에 본즉 사닥다리가 땅 위에 서 있는데 그 꼭대기가 하늘에 닿았고 또 본즉 하나님의 사자들이 그 위에서 오르락내리락하고."

134 4월 1일 (사 55:1-3; 요 7:37)

자녀가 살 길의 해답

우리 구역엔 성장기에 있는 자녀가 모두 3명이 있다. 특히 장애가 있는 '김은혜'를 위해서 구역 식구들이 많이 기도하고 있다. 그런데 오늘은 하나님께서 모든 자녀의 길의 해답이 여기에 있다며 하나님의 뜻이 담긴 그 귀한 성경을 펼치시는 것이었다. 새벽녘에 너무나 강력해서 깜짝 놀랐고, "그래, 그렇구나!"를 반복하며 오로지 어떤 방법으로 순종해야 되는지만을 생각해 보았다.

"오호라 너희 목마른 자들아 물로 나아오라 돈 없는 자도 오라 너희는 와서 사먹되 돈 없이, 값없이 와서 포도주와 젖을 사라 너희가 어찌하여 양식이 아닌 것을 위하여 은을 달아 주며 배부르게 하지 못할 것을 위하여 수고하느냐 내게 듣고 들을지어다 그리하면 너희가 좋은 것을 먹을 것이며 너희 자신들이 기름진 것으로 즐거움을 얻으리라 너희는 귀를 기울이고 내게로 나아와 들으라 그리하면 너희의 영혼이 살리라 내가 너희를 위하여 영원한 언약을 맺으리니 곧 다윗에게 허락한 확실한 은혜이니라 누구든지 목마르거든 내게로 와서 마시라 나를 믿는 자는 성경에 이름과 같이 그 배에서 생수의 강이 흘러나리라."

135 4월 2일 (막 3:13-15)

원하는 자들을 부르심

"또 산에 오르사 자기가 원하는 자들을 부르시니 나아온지라 이에 열둘을 세우셨으니 이는 자기와 함께 있게 하시고 또 보내사 전도도 하며 귀신을 내쫓는 권능도 가지게 하려 하심이러라."

136 4월 3일 (요 14:16-17)

진리의 영

"내가 아버지께 구하겠으니 그가 또 다른 보혜사를 너희에게 주사 영원토록 너희와 함께 있게 하리니 그는 진리의 영이라 세상은 능히 그를 받지 못하나니 이는 그를 보지도 못하고 알지도 못함이라 그러나 너희는 그를 아나니 그는 너희와 함께 거하심이요 또 너희 속에 계시겠음이라."

137 4월 4일 (출 20:3-17)

십계명

창세기부터 다시 살펴보며 대표 한자로 암송하고 있는데, 며칠 동안 불 위를 걸어 다니는 것 같은 성령의 임재가 뜨거워 하나님이 기뻐하시는 것을 느낄 수 있었다. 그런데 오늘은 웬일인지 몸이 마비가 온 것처럼 굳어져서 새벽 예배 알람을 듣고도 도저히 일어날 수가 없었고, 허리도 굽힐 수 없을 만큼 아팠다. 왜 그럴까 생각하고 다시 자리에 누웠는데, 머릿속에서 겹쳐 보이는 인간 타락의 영상이 자꾸 뒤흔들어 혼란스럽게 하였다. 자족함으로 나태해진 생각의 순간에 자꾸 무너뜨리려는 고약한 사탄이 틈타고 있음이 분명했다. 자리를 박차고 일어나 곧바로 말씀의 세계로 들어갔고, 주님께서 주신 계명을 암송하며 깊이 새기는데 거짓말처럼 몸이 부드러워졌다.

"너는 나 외에는 다른 신들을 네게 두지 말라 너를 위하여 새긴 우상을 만들지 말고 또 위로 하늘에 있는 것이나 아래로 땅에 있는 것이나 땅 아래 물 속에 있는 것의 어떤 형상도 만들지 말며 그것들에게 절하지 말며 그것들을 섬기지 말라 나 네 하나님 여호와는 질투하는 하나님인즉 나를 미워하는 자의 죄를 갚되 아버지로부터 아들에게로 삼사 대까지 이르게 하거니와 나를 사랑하고 내 계명을 지키는 자에게는 천 대까지 은혜를 베푸느니라 너는 네 하나님 여호와의 이름을 망령되게 부르지 말라 여호와는 그의 이름을 망령되게 부르는 자를 죄 없다 하지 아니하리라 안식일을 기억하여 거룩하게 지키라 엿새 동안은 힘써 네 모든 일을 행할 것이나 일곱째 날은 네 하나님 여호와의 안식일인즉 너나 네 아들이나 네 딸이나 네 남종이나 네 여종이나 네 육축이나 네 문 안에 머무는 객이라도 아무 일도 하지 말라 이는 엿새 동안에 나 여호와가 하늘과 땅과 바다와 그 가운데 모든 것을 만들고 일곱째 날에 쉬었음이라 그러므로 나 여호와가 안식일을 복되게 하여 그날을 거룩하게 하였느니라 네 부모를 공경하라 그리하면 네 하나님 여호와가 네게 준 땅에서 네 생명이 길리라 살인하지 말라 간음하지 말라 도둑질하지 말라 네 이웃에 대하여 거짓 증거하지 말라 네 이웃의 집을 탐내지 말라 네 이웃의 아내나 그의 남종이나 그의 여종이나 그의 소나 그의 나귀나 무릇 네 이웃의 소유를 탐내지 말라."

138 4월 5일 (말 4:2)

치료의 광선

왜 그렇게 아프게도 하시고 낫게도 하시고 한여름 소나기처럼, 또 그 아름다운 무지개처럼 자꾸자꾸 체험시키시는지 알 수는 없지만 삶의 일그러지고 초라한 모습들조차도 주께서 훈련시키시는 것이라면 감사로 받아들이렵니다.

"내 이름을 경외하는 너희에게는 공의로운 해가 떠올라서 치료하는 광선을 비추리니 너희가 나가서 외양간에서 나온 송아지같이 뛰리라."

139 4월 6일 (눅 4:18-19)

주의 성령

우리 믿는 자들은 실제 금은보석보다 더 귀한 말씀을 소유하였기에 그리스도 안에서 늘 평안하고 풍성한 부요를 누릴 수 있다. 그 사실 자체만으로도 완전히 선택 받은 감사 제목이 아닐까?

"주의 성령이 내게 임하셨으니 이는 가난한 자에게 복음을 전하게 하시려고 내게 기름을 부으시고 나를 보내사 포로 된 자에게 자유를, 눈먼 자에게 다시 보게 함을 전파하며 눌린 자를 자유롭게 하고 주의 은혜의 해를 전파하게 하려 하심이라 하였더라."

140 4월 7일 (히 10:38-39)

앞으로 나아가자

내가 나 자신을 봐도 참으로 치사하고 간교하고 욕심꾸러기이다. 그렇게 풍성하고 풍요롭건만 만족할 줄을 모른다. 말은 감사로 넘치는 것 같은데 마음 밑바닥에선 뭔가 끝없는 것을 갈구하고 있다. "은경아, 제발 그 화려한 사탄의 빛깔에 넘어가서 더 이상 종 노릇 하지 말고 예수 이름의 푯대를 잡고 나를 쳐서 그 본향을 향해 앞으로 앞으로만 나아가라!"

> "나의 의인은 믿음으로 말미암아 살리라 또한 뒤로 물러가면 내 마음이 그를 기뻐하지 아니하리라 하셨느니라 우리는 뒤로 물러가 멸망할 자가 아니요 오직 영혼을 구원함에 이르는 믿음을 가진 자니라."

141 4월 8일 (고전 10:13)

감당할 시험

정말 놀랍다. 주변 환경을 바라보면 너무 힘든 일들이 많아 곧 쓰러질 것 같은데, 이기게 하실 뿐만 아니라 피할 길을 주셔서 능히 감당하게 하신다. 정말 지나온 과거를 돌아보면 엉킨 실타래처럼 아찔할 정도로 아득해서, 우리가 꿈꾸고 계획했던 것은 아무것도 아니었고, '오직 하나님의 은혜만 있었구나'를 절로 고백하게 된다.

"사람이 감당할 시험밖에는 너희가 당한 것이 없나니 오직 하나님은 미쁘사 너희가 감당하지 못할 시험 당함을 허락하지 아니하시고 시험 당할 즈음에 또한 피할 길을 내사 너희로 능히 감당하게 하시느니라."

142 4월 9일 (고전 10:20-22; 시 16:4)

이방인의 제사

시아버지의 기일 때마다 강력한 영적 전쟁을 치른다. 믿지 않는 큰집에서는 온전한 제사 형식에 따라 우상숭배를 하는 데 아주 철저하다. 해마다 몇 달 전부터 이날을 두고 기도하는데, 자연스럽게 그곳에 참석하지 않아도 될 환경이 만들어짐을 알면서도 속으로 짐짓 놀라게 된다. 성령님의 도우심으로 더욱 강력히 파쇄하는 날이 오기를 끊임없이 부르짖어 기도해 본다.

"무릇 이방인이 제사하는 것은 귀신에게 하는 것이요 하나님께 제사하는 것이 아니니 나는 너희가 귀신과 교제하는 자가 되기를 원하지 아니하노라 너희가 주의 잔과 귀신의 잔을 겸하여 마시지 못하고 주의 식탁과 귀신의 식탁에 겸하여 참여하지 못하리라 그러면 우리가 주를 노여워하시게 하겠느냐 우리가 주보다 강한 자냐 다른 신에게 예물을 드리는 자는 괴로움이 더할 것이라 나는 그들이 드리는 피의 전제를 드리지 아니하며 내 입술로 그 이름도 부르지 아니하리로다."

143 4월 10일 (창 29:31-32)

태의 문

아이를 가진 임산부들에겐 참으로 크나큰 특권이 있다. 하나님께서 씨를 주셔서 생육하고 번성하고 충만하여 땅을 정복하고 다스리도록 축복하셨는데, 아이들은 엄마 뱃속에서 이미 이 권리를 누리기 위해 모든 것들을 빠르게 흡수하고 있다. 또한 뇌세포나 공부 머리 또한 이때 만들어짐을 오랜 시간 교육에 전념하면서 직접 보아 왔다. 우리는 세월이 한참 흐른 뒤 너무 늦게 깨닫는다. 젊은 부부들에게는 꼭 말씀 태교를 붙잡으라고 간절히 당부하고 있다. 지난 시절 최고의 교육, 최상의 열매인 것을 놓친 것이 너무 아쉽다.

"여호와께서 레아가 사랑받지 못함을 보시고 그의 태를 여셨으나 라헬은 자녀가 없었더라 레아가 임신하여 아들을 낳고 그 이름을 르우벤이라 하여 이르되 여호와께서 나의 괴로움을 돌보셨으니 이제는 내 남편이 나를 사랑하리로다 하였더라."

144 4월 11일 (창 11:10, 12, 14, 16)

노아 홍수 후 101년

약 B.C. 4500년 이래 아담, 셋, 에노스, 게난, 마할랄렐, 야렛, 에녹, 므두셀라, 라멕, 노아, 셈, 아르박삿, 셀라, 에벨, 벨렉, 르우, 스룩, 나홀, 데라, 아브라함, 이삭, 야곱, 유다, 베레스, 헤스론, 람, 암미나답, 나손, 살몬, 보아스, 오벳, 이새, 다윗까지 33대가 된다. B.C. 2348년 노아 600백 세 때 홍수가 있었고, 홍수 후 2년에 셈이 아르박삿을 낳았고, 아르박삿은 35세 때 셀라를 낳았고, 셀라는 30세에 에벨을 낳았고, 에벨은 34세에 벨렉을 낳았다. 이때 바벨탑 사건이 있었기에 노아 홍수 후 101년, 즉 B.C. 2247년이 된다. 그때의 강의 발원지가 기혼 강(나일), 비손 강(인더스), 유브라데 강, 힛데겔 강(티그리스)이었으므로 이 네 강이 각각 세계 문명의 발상지가 된 것이다.

"셈의 족보는 이러하니라 셈은 백 세 곧 홍수 후 이 년에 아르박삿을 낳았고 아르박삿은 삼십오 세에 셀라를 낳았고 셀라는 삼십 세에 에벨을 낳았고 에벨은 삼십사 세에 벨렉을 낳았고."

145 4월 12일 (창 13:3-4)

단을 쌓음

긴 시간 동안 아이들을 진심으로 연구하며 가르치다 보니 경력이 생겼는지 대체적으로 잘 가르치는 편이지만 간혹 어려운 아이들이 있다. 그중 아주 영리한 아이가 있는데, 실제 수업엔 잘 집중을 못하며 안타까울 정도로 자기주장이 강하다. 그래서 집중적으로 기도하던 중 놀라운 것을 발견하였다. 바로 내 모습이었다. 감사를 모르고 겉으론 내색을 안 하지만 늘 마음으로 불평하고 이기적이어서 내 방식, 내 멋대로 살아갈 때가 많다. 그런데 본인의 모습은 베일로 감추고 교사와 학생이라는 이유 하나로 과연 그 아이를 보고 지적할 수 있을까? 뼛속 깊이 회개하고 아이들 하나하나를 더욱 깊이 사랑하고 섬기며, 내가 있는 바로 이곳에서 날마다 기도의 단을 쌓아야 함을 잊지 않기로 다짐해 본다.

> "그가 네게브에서부터 길을 떠나 벧엘에 이르며 벧엘과 아이 사이 곧 전에 장막 쳤던 곳에 이르니 그가 처음으로 제단을 쌓은 곳이라 그가 거기서 여호와의 이름을 불렀더라."

146 4월 13일 (시 46:1–3)

환난 중의 도움

정말 아무것도 한 것이 없는데 오늘 11시에 CBS 기독교 방송국에서 인터뷰 요청을 해왔다. 떨리는 마음으로 기도하며 임했다. 그런데 사흘 전부터 무슨 이유인지는 몰라도 하나님께서 불같이 계속 뜨겁게 역사하셨다. '부활절이라 그러시나 보다'라고 생각했는데, 다른 뜻이 있으셨는지 어제부터 암송해야 하는 내용의 윤곽을 잡아 주셨다. 놀랍고 섬세하신 성령님의 손길이 너무 감사하다는 말밖에 다른 언어로 표현할 길이 없어 안타깝다.

"하나님은 우리의 피난처시요 힘이시니 환난 중에 만날 큰 도움이시라 그러므로 땅이 변하든지 산이 흔들려 바다 가운데 빠지든지 바닷물이 솟아나고 뛰놀든지 그것이 넘침으로 산이 흔들릴지라도 우리는 두려워하지 아니하리로다."

147 4월 14일 (갈 2:20)

그리스도와 함께

매번 불같이 임하시는 성령님을 표현하는 것이 날마다 똑같은 것 같아 다른 이들에게는 식상하게 느껴질지 몰라도, 직접 체험을 해보면 날마다 새롭고 설레어 기다려지게 된다. 마치 뱃속에서 태동하는 아이처럼 가슴에서 뭉클뭉클 솟아오르는 그 살아 있는 운동력, 그 힘은 내 삶의 깊은 이면에서 주와 함께 날마다 십자가에 못 박힘으로 더욱 단단해질 것이다.

"내가 그리스도와 함께 십자가에 못 박혔나니 그런즉 이제는 내가 사는 것이 아니요 오직 내 안에 그리스도께서 사시는 것이라 이제 내가 육체 가운데 사는 것은 나를 사랑하사 나를 위하여 자기 자신을 버리신 하나님의 아들을 믿는 믿음 안에서 사는 것이라."

148 4월 15일 (요일 2:15-16; 전 7:14)

세상에 있는 모든 것

화요일에 녹화했던 것이 오늘 방송되는데 최대한 나를 낮추려다 보니 아무에게도 말을 하지 않았다. 그런데 하나님께서 그 마음을 보셨는지 영적으로 늘 조언을 해주던 친구에게 듣게 하셨다. 그 친구는 평소 같으면 늘 일주일 장을 보러 가야 하는 시간인데도 정말 마음이 내키지 않아 안 가고, 한쪽 구석에 있어 사용하지 않던 TV도 아닌 라디오를 우연히 켰는데, 내가 나와 오후 5시부터 6시까지 1시간 동안 인터뷰 내용을 다 들을 수 있었다고 한다. 이것은 하나님께서 하신 일이 아니고선 도저히 납득이 안 가는 불가능한 일이라며 감동으로 문자가 왔다. "은경아, 방송 아주 잘 들었다. 할렐루야! 은혜로운 시간이었어. 정말 네가 내 친구라는 게 너무 행복하고 자랑스럽다. 사회 보시는 목사님과 너의 너무도 편안하게 오가는 대화를 듣고 있자니 나에게도 큰 은혜가 되었단다. 목사님께서 어려운 질문을 하실 때면 네가 대답을 못할까 봐 마음이 떨렸는데, 네가 실수도 안 하고 유창하게 잘해서 너무 기쁘고 흥분되었단다. 정말 감동이야. 세상으로 네 책이 널리 퍼져 나가길 간절히 기도할게 ^^ ♥♥♥"

"이 세상이나 세상에 있는 것들을 사랑하지 말라 누구든지 세상을 사랑하면 아버지의 사랑이 그 안에 있지 아니하니 이는 세상에 있는 모든 것이 육신의 정욕과 안목의 정욕과 이생의 자랑이니 다 아버지께로부터 온 것이 아니요 세상으로부터 온 것이라 형통한 날에는 기뻐하고 곤고한 날에는 되돌아보아라 이 두 가지를 하나님이 병행하게 하사 사람이 그의 장래 일을 능히 헤아려 알지 못하게 하셨느니라."

149 4월 16일 (사 50:7~9)

나를 도우시므로

세월호가 침몰하였다. 사사 시대처럼 무수한 악행과 무지와 부패로 수많은 학생들과 무고한 인명들이 희생되었다. 얼마나 가슴이 절절하며 억장이 무너지며 아픈지… 하나님께서 도우셔서 놀라운 소생의 역사가 있길 간절히 기도해본다.

> "주 여호와께서 나를 도우시므로 내가 부끄러워하지 아니하고 내 얼굴을 부싯돌같이 굳게 하였으므로 내가 수치를 당하지 아니할 줄 아노라 나를 의롭다 하시는 이가 가까이 계시니 나와 다툴 자가 누구냐 나와 함께 설지어다 나의 대적이 누구냐 내게 가까이 나아올지어다 보라 주 여호와께서 나를 도우시리니 나를 정죄할 자 누구냐 보라 그들은 다 옷과 같이 해어지며 좀이 그들을 먹으리라."

150 4월 17일 (엡 6:4; 골 3:21; 빌 4:8~9)

자녀 교육

늘 고난주간이면 무슨 무쇠 도막처럼 몸이 천근만근이다. 십자가

고통 없이는 부활의 영광을 생각할 수도 없으므로 주와 함께 고난을 온전히 이기어 그 찬란한 영광을 누리리라는 다짐을 해본다. 또한 내 마음대로 내 계획대로 전혀 되지 않는, 뜻하지 않은 복병이 바로 자녀 교육이기에 오늘 하루만큼이라도 자녀들에게 믿음의 유산을 어떻게 남겨 주어야 하나님께서 기뻐하실지 부르짖어 기도해본다.

> "또 아비들아 너희 자녀를 노엽게 하지 말고 오직 주의 교훈과 훈계로 양육하라 아비들아 너희 자녀를 노엽게 하지 말지니 낙심할까 함이라 끝으로 형제들아 무엇에든지 참되며 무엇에든지 경건하며 무엇에든지 옳으며 무엇에든지 정결하며 무엇에든지 사랑받을 만하며 무엇에든지 칭찬받을 만하며 무슨 덕이 있든지 무슨 기림이 있든지 이것들을 생각하라 너희는 내게 배우고 받고 듣고 본 바를 행하라 그리하면 평강의 하나님이 너희와 함께 계시리라."

151 4월 18일 (사 43:19-21)

새 일을 행하심

새벽예배를 다녀와서 잠깐 자리에 누웠는데, 싱싱한 꽈리고추 속에 벌레들이 길게 자리하고 있으면서 내가 그것을 다 일일이 빼내는데, 그동안 영업 방해를 해서 죄송했다며 내 손이 닿는 것마다 아무런 저항 없이 죽어서 빠졌다. 참 영적 전쟁은 끝이 없다. 하지만 날마다 사탄을 이길 더 큰 힘 주심에 한없이 감사를 올린다.

"보라 내가 새 일을 행하리니 이제 나타낼 것이라 너희가 그것을 알지 못하겠느냐 반드시 내가 광야에 길을 사막에 강을 내리니 장차 들짐승 곧 승냥이와 타조도 나를 존경할 것은 내가 광야에 물을, 사막에 강들을 내어 내 백성, 내가 택한 자에게 마시게 할 것임이라 이 백성은 내가 나를 위하여 지었나니 나를 찬송하게 하려 함이니라."

152 4월 19일 (시 11:1, 30:11)

여호와께 피하였거늘

갑자기 건강하던 남편과 막내가 동시에 많이 아프고 심하게 다쳤다. 요즘은 자리에 눕기가 무서울 정도로 사탄과의 싸움이다. 새벽잠을 잠깐 잔 사이에 또 영적인 꿈을 꿨다. 오늘은 내가 집을 비운 사이 손님들이 와서 뭘 먹고 뒤처리를 안 했는지 여러 가지 음식물들에 온통 난리가 났다. 사과에도 떡에도 야채에도 큰 벌레, 작은 벌레, 분홍 벌레, 까만 벌레, 징그러운 왕파리, 초파리 떼들이 다 모여 있어서, 팔을 단단히 걷어붙이고 소탕 작전을 벌였다. 약을 뿌리니 삽시간에 힘없이 다 죽어 갔다. 그 냄새가 어찌나 독하던지, 자면서도 숨이 턱턱 막혀서 코끝까지 찡해졌다. 눈을 뜨고서도 한참 동안 음식 속에서 자리하던 그 벌레들이 떠올랐다. "더러운 것들은 나사렛 예수 이름으로 떠나갈지어다!" 몇 번을 큰 소리로 외친 후에 땀이 나게 기도했는데, 어느새 둘 다 언제 그랬느냐 싶게 병이 나아 있었다.

> "내가 여호와께 피하였거늘 너희가 내 영혼에게 새같이 네 산으로 도망하라 함은 어찌함인가 주께서 나의 슬픔이 변하여 내게 춤이 되게 하시며 나의 베옷을 벗기고 기쁨으로 띠 띠우셨나이다."

153 4월 20일 (욜 2:21-22)

땅이여 힘을 내라

지독한 사탄과의 싸움에서 이겨서인지 오늘은 아주 마음이 평안하고, 내 영혼 깊은 곳에서부터 기쁨과 즐거움이 몰려왔다.

> "땅이여 두려워하지 말고 기뻐하며 즐거워할지어다 여호와께서 큰 일을 행하셨음이로다 들짐승들아 두려워하지 말지어다 들의 풀이 싹이 나며 나무가 열매를 맺으며 무화과나무와 포도나무가 다 힘을 내는도다."

154 4월 21일 (벧전 3:1, 7; 엡 5:22-25, 28)

남편과 아내들아

"아내 된 자들아 이와 같이 자기 남편에게 순복하라 이는 혹 도를 순종치 않는 자라도 말로 말미암지 않고 그 아내의 행위로 말미암아 구원을 얻게 하려 함이니 남편들아 이와 같이 지식을 따라 너희 아내와 동거하고 그를 더 연약한 그릇이요 또 생명의 은혜를 함께 이어받을 자로 알아 귀히 여기라 이는 너희 기도가 막히지 아니하게 하려 함이라 아내들이여 자기 남편에게 복종하기를 주께 하듯 하라 이는 남편이 아내의 머리 됨이 그리스도께서 교회의 머리 됨과 같음이니 그가 바로 몸의 구주시니라 그러므로 교회가 그리스도에게 하듯 아내들도 범사에 자기 남편에게 복종할지니라 남편들아 아내 사랑하기를 그리스도께서 교회를 사랑하시고 그 교회를 위하여 자신을 주심같이 하라 이와 같이 남편들도 자기 아내 사랑하기를 자기 자신과 같이 할지니 자기 아내를 사랑하는 자는 자기를 사랑하는 것이라."

155 4월 22일 (빌 2:13; 엡 3:20-21)

소원을 두고 행하심

다른 날도 그렇지만 오늘은 하루 종일 출근을 해서도 성령이 보통 때보다 더 뜨거워서 '도대체 오늘 누구를 만나게 하시려고 이러실까?' 생각하고 유심히 주변을 살피기 시작했다. 아무리 찾아도 평소와 다를 바가 없었다. '이럴 리가 없는데.' 마지막 수업이 되었는데 고등부 아이들이 오늘 따라 학교에서 행사가 있다며 수업에 참여할 수 없다고 연락이 왔다. 한 아이하고만 문자나 전화로도 연락이 안 되어 가볍게 청소를 시작했다. 한참을 하는데 그 연락 안 되던 아이가 한없이 지쳐서 들어왔다.

특히 고등부 아이들은 들어올 때 너무 지치고 기분이 나빠하며, 들어오자마자 학교 생활에 대해 불평을 하는 경우가 많다. 그러면 난 여지없이 분위기를 칭찬과 격려의 말로 위로하여 바꾸고 즐겁게 수업을 하려 안간힘을 쓴다. 그래서 끝날 때는 모두 신이 나서 간다. 이 아이도 수업을 하는 내내 어떻게 힘을 줄까 고민하다 "하나님께서 네 열심히 공부하는 마음을 보시니 기운 내라!" 갑자기 아이가 눈이 반짝거리며 "선생님은 실제 하나님께서 살아 계신 것을 믿으세요?" "그럼 100% 확신하지!" 언제나 모범생이었던 그 아이는 갑자기 그동안 아무에게도 말할 수 없었다며 속 이야기를 털어놓기 시작했다.

"선생님, 저 너무 힘들어요. 장로님 딸이라 교회에서 보는 눈도 있고 해서 부모님 실망시키지 않으려 하는데 늘 두 마음이 싸워요. 고2 올라와 학교 공부는 너무 힘들고 교회에선 회장의 직분을 맡아서 책임이 있고 또 반주까지 다 맡아서 하다 보니 신경이 예민해요. 그런데 요즘 들어 찬양대 하시는 분들이 너무 불성실하게 하시니 갑자기 짜증이 나고 저도 다 내려놓고 싶어져요. 사람들이 모두 나를 착하다고 하면서 매번 참을 것을 강요하는데 곧 폭발할 것 같아요. 그래서 용기를 내서 이번 주일에 반주를 내려놓는다고 꼭 말하려 해요." "~~~." 어린 소녀의 마음을 만지시며 더욱 굳건히 세우시기 원하시는 하나님의 사랑과 마음을 알 수 있는 하루였다.

"너희 안에서 행하시는 이는 하나님이시니 자기의 기쁘신 뜻을 위하여 너희에게 소원을 두고 행하게 하시나니 우리 가운데서 역사하시는 능력대로 우리가 구하거나 생각하는 모든 것에 더 넘치도록 능히 하실 이에게 교회 안에서와 그리스도 예수 안에서 영광이 대대로 영원 무궁하기를 원하노라 아멘."

156 4월 23일 (**고전 3:16-17, 6:19-20**)

하나님의 성전

아침부터 좀 우울하고 힘이 없고 뭔가 모르는 불안한 생각이 들었다. 그대로 있으면 안 되겠다는 생각에 곧바로 예수 그리스도 이름으로 더러운 육의 생각들을 기도로 물리치고 힘을 다해 또다시 영적 전쟁을 치러 본다.

"너희는 너희가 하나님의 성전인 것과 하나님의 성령이 너희 안에 계시는 것을 알지 못하느냐 누구든지 하나님의 성전을 더럽히면 하나님이 그 사람을 멸하시리라 하나님의 성전은 거룩하니 너희도 그러하니라 너희 몸은 너희가 하나님께로부터 받은 바 너희 가운데 계신 성령의 전인 줄을 알지 못하느냐 너희는 너희 자신의 것이 아니라 값으로 산 것이니 되었으니 그런즉 너희 몸으로 하나님께 영광을 돌리라."

157 4월 24일 (대하 36:23; 대상 4:10)

야베스의 기도

10년 넘게 남편과 친형제처럼 지내며 의리로 다져진 분이 있는데 겪을수록 마음이 따뜻하며 바르고 능력이 있음을 가까이서 직접 보고 겪으며 위정자들에 대한 내 인식이 바뀌게 되었다. 그래서 몇 달 전 아주 우연히 그분을 위해 새벽예배 때 기도를 하는데 성령이 갑자기 뜨거워졌다. 깜짝 놀라 다시 해봤는데 신기하게도 또 다시 성령께서 불같이 뜨거우셨다. 그래서 그 날부터 묵묵히 그분을 위해 꾸준히 기도해왔는데 오늘은 귀한 말씀까지 허락하셨다. 난 잘 모르지만 하나님께서 앞으로 크게 쓰실 기뻐하시는 일꾼임에 틀림없다는 생각이 들었다.

"바사 왕 고레스가 이같이 말하노니 하늘의 신 여호와께서 세상 만국을 내게 주셨고 나에게 명령하여 유다 예루살렘에 성전을 건축하라 하셨나니 너희 중에 그의 백성 된 자는 다 올라갈지어다 너희 하나님 여호와께서 함께 하시기를 원하노라 하였더라 야베스가 이스라엘 하나님께 아뢰어 이르되 주께서 내게 복을 주시려거든 나의 지역을 넓히시고 주의 손으로 나를 도우사 나로 환난을 벗어나 근심이 없게 하옵소서 하였더니 하나님이 그가 구하는 것을 허락하셨더라."

158 4월 25일 (히 11:1-6)

믿음

가슴을 만져 보면 성령이 불같이 뜨거운데 어젯밤부터 또다시 허리가 끊어질 듯 아파서 앉을 수도 누울 수도 심지어 잘 수도 먹을 수도 없었다. 왜 그러지? 또 사탄의 방해인가? 아픈 허리를 질질 끌고 새벽예배를 다녀오고 찬양대 찬양도 정성껏 올려드렸다. 차도가 없기에 말씀을 듣고 또 강력히 부르짖어 기도하고 약을 먹어도 이번엔 좀처럼 낫질 않았다. 그러다 CGN TV 명사 특강에서 신옥수 목사님 설교를 아픈 허리를 부여잡고 들으면서 비로소 그 이유를 알게 되었다. 그것은 우리가 약할 때 긍휼히 여기시며 사랑하시고 또 채워 주셔서 겸손케 하시는 '결핍의 은혜'였다. 사람에겐 교만과 욕심의 양쪽 뿔이 날마다 엄청난 속도로 자라고 있어서, 창조 때부터 만드신 우리의 부족한 1의

공기 구멍을 늘 채우려 몸부림치기에 날마다 사정없이 잘라내야 한다는 것을 잠시 잊고 있었던 것이다. 그래서 정신을 차리고 회개하며 말씀을 암송하기 시작했다. 그러자 여지없이 또다시 아픔이 기쁨이 되면서 몸이 날아갈 듯 가벼워졌다. 이번에도 정말 거짓말처럼 아픈 몸이 다 나았다. 얼마나 단단히 쓰시려고 준비하시는지 하나님의 은혜는 그저 놀랍기만 하다. '그래 그 얄미운 교만과 욕심, 아이구~, 내 첫 번째 기도 제목인데…….'

"믿음은 바라는 것들의 실상이요 보이지 않는 것들의 증거니 선진들이 이로써 증거를 얻었느니라 믿음으로 모든 세계가 하나님의 말씀으로 지어진 줄을 우리가 아나니 보이는 것은 나타난 것으로 말미암아 된 것이 아니니라 믿음으로 아벨은 가인보다 더 나은 제사를 하나님께 드림으로 의로운 자라 하시는 증거를 얻었으니 하나님이 그 예물에 대하여 증언하심이라 그가 죽었으나 그 믿음으로써 지금도 말하느니라 믿음으로 에녹은 죽음을 보지 않고 옮겨졌으니 하나님이 그를 옮기심으로 다시 보이지 아니하였느니라 그는 옮겨지기 전에 하나님을 기쁘시게 하는 자라 하는 증거를 받았느니라 믿음이 없이는 하나님을 기쁘시게 하지 못하나니 하나님께 나아가는 자는 반드시 그가 계신 것과 또한 그가 자기를 찾는 자들에게 상 주시는 이심을 믿어야 할지니라."

159 4월 26일 (잠 10:22, 22:4)

재물과 영광과 생명

생각해 보면 어제 그렇게도 아팠는데, 오늘은 어이없을 정도로 멀쩡한 나 자신이 좀 우습지만 하나님께서 정금같이 단련시키시는 과정이라 생각하고 오늘도 온 마음으로 기도하며 암송에 임해 본다.

"여호와께서 주시는 복은 사람을 부하게 하고 근심을 겸하여 주지 아니하시느니라 겸손과 여호와를 경외함의 보상은 재물과 영광과 생명이니라."

160 4월 27일 (시 134편)

여호와를 송축하라

그전엔 찬양대에 서면 음악성을 우선시했는데, 요즘은 나도 모르게 음악은 차선이고 오로지 하나님께 기쁘게 올려드리는 것이 최우선이 된다. 조금씩 변하게 하시는 하나님께 감사드리며, 날마다 찬양 소리가 끊어지지 않게 하리라 다짐해 본다.

"보라 밤에 여호와의 성전에 서 있는 여호와의 모든 종들아 여호와를 송축하라 성소를 향하여 너희 손을 들고 여호와를 송축하라 천지를 지으신 여호와께서 시온에서 네게 복을 주실지어다."

161 4월 28일 (행 2:17)

말세의 영

이중으로 '암송 열차' 암송과 더불어 창세기 대표 한자 말씀을 모두 암송하고 레위기로 넘어갔다. 그런데 틈나는 대로 열심을 다하여도 왜 그렇게 잘 잊어버리고 어려운지 나를 철저히 비우고 내려놓는 시간이 된다. 특히 레위기는 법이라 그런지 도통 머릿속에 들어오지 않아 같은 부분을 몇 번을 해도 돌아서면 잊어버린다. '아휴~.'

철저히 낮아지도록 훈련시키시는 하나님, 감사드립니다.

"하나님이 말씀하시기를 말세에 내가 내 영을 모든 육체에 부어 주리니 너희의 자녀들은 예언할 것이요 너희의 젊은이들은 환상을 보고 너희의 늙은이들은 꿈을 꾸리라."

162 4월 29일 (시 150편)

찬양할지어다

새벽찬양대는 찬송가 위주로 거룩하게, 주일 5부 예배는 복음성가 위주로 신나게 찬양을 드린다. 미묘하지만 감성의 다른 세계를 느낄 수 있어 참 좋다. 어떤 방법이든지 우리 하나님께 날마다 정성으로 올리는 찬양이었으면 싶다.

"할렐루야 그의 성소에서 하나님을 찬양하며 그의 권능의 궁창에서 그를 찬양할지어다 그의 능하신 행동을 찬양하며 그의 지극히 위대하심을 따라 찬양할지어다 나팔 소리로 찬양하며 비파와 수금으로 찬양할지어다 소고 치며 춤추어 찬양하며 현악과 퉁소로 찬양할지어다 큰 소리 나는 제금으로 찬양하며 높은 소리 나는 제금으로 찬양할지어다 호흡이 있는 자마다 여호와를 찬양할지어다 할렐루야."

163 4월 30일 (레 10:1-2)

불이 삼킴

구약성경을 읽다 보면 많이 두려워 비로소 하나님을 경외하는 것이 무엇인지를 알게 된다. 제발 어리석게 내 뜻대로 하나님을 가두지 않고 말씀으로 분별하여 그 뜻을 헤아릴 수 있는 하루가 되길 원해 본다.

"아론의 아들 나답과 아비후가 각기 향로를 가져다가 여호와께서 명령하시지 아니하신 다른 불을 담아 여호와 앞에 분향하였더니 불이 여호와 앞에서 나와 그들을 삼키매 그들이 여호와 앞에서 죽은지라."

164 5월 1일 (렘 17:9–10)

사람의 마음

창세기를 암송할 때는 사탄의 장난이 아주 심했는데, 레위기는 사탄이 아주 꼼짝도 못함을 느낀다. 그리고 성령님의 임재는 이루 형용할 수 없이 뜨거워 가슴 밑바닥에서부터 아주 달궈져 폭발하기 직전 같다. 두 가지 암송을 병행하는 것이 좀 복잡하고 어려워서 성경 순서별 암송을 그만둘까 몇 번을 생각했다가도 내 속에 계신 성령님께서 얼마나 기뻐하시는지 도저히 멈출 수가 없다. 우리가 감히 그 세계를 어찌 알 수 있을까?

"만물보다 거짓되고 심히 부패한 것은 마음이라 누가 능히 이를 알리요마는 나 여호와는 심장을 살피며 폐부를 시험하고 각각 그의 행위와 그의 행실대로 보응하나니."

165 5월 2일 (막 3:29)

성령을 훼방하는 자

성경공부와 암송에 집중하다 보니 공동체 모임에는 좀 소홀하게 되어 마음이 바늘방석이 되었다. 교역자들과 교구장님의 사역에 적극 협조는 못해도 방해되는 일을 할까 죄송한 마음이 먼저 앞선다.

"누구든지 성령을 모독하는 자는 영원히 사하심을 얻지 못하고 영원한 죄가 되느니라 하시니."

166 5월 3일 (고후 11:14)

천사로 가장하는 사탄

매일 시내 산 삼아 오르는 집 부근의 산은 참으로 걷기에 적합해서 많은 사람으로 붐빈다. 모세와 엘리야를 만나고 훈련시키신 것을 생각하며 한낮 시간을 택해 걸으며 암송으로 하나님을 만나는 시간은 참으로 기쁘고 즐겁다. 그런데 어느 날 정상 좀 못 미쳐 사람들이 가장 많이 지나다니는 길목에 돌탑을 아주 튼튼하고 높이 쌓아놓고 마치 바알의 제단처럼 몇몇 사람들이 절을 하고 있었다. 보는 순간 가슴이 턱 막히고 답답해졌다. 그 때 우연히 아는 분을 만났는데 "저기다 푯말을 붙이기라도 해야 하나?" 하며 걱정하셨다.

"이것은 이상한 일이 아니니라 사탄도 자기를 광명의 천사로 가장하나니."

167 5월 4일 (마 6:20-21)

보물을 하늘에 쌓아 두라

어제 본 그 돌탑 때문에 밤새 뒤척이다 산을 찾았다. 한낮이어서인지 사람이 없는 틈을 타서 돌을 헐기 시작했다. 사람들이 다시 오면 좀 쉬고 지나가면 또 헐었다. 2시간 정도 힘을 다했는데 서서히 무너지기 시작했다. 온몸이 기진맥진하여 내일 이어서 마무리를 지어야겠다고 생각하고 한참을 돌아가다 안 되겠다 싶어 다시 발길을 돌렸다. 힘들어도 뿌리를 뽑고 마무리를 지어야지 싶어 다시 힘을 냈다.

"오직 너희를 위하여 보물을 하늘에 쌓아 두라 거기는 좀이나 동록이 해하지 못하며 도둑이 구멍을 뚫지도 못하고 도둑질도 못하느니라 네 보물 있는 그곳에는 네 마음도 있느니라."

168 5월 5일 (요 11:9-10)

실족하지 않는 낮

성령님을 만나기 전엔 학원이란 직업이 주로 밤에 일을 많이 하기에 아무런 생각 없이 아주 오랜 시간 동안 오전 시간에는 좀 쉬고 늦잠자고 밤에 깨어 있었다. 하지만 말씀을 통해 어둠의 사악함을 이기고자 웬만하면 역행하지 않고 빛 가운데 있으려, 끊을 것은 끊고 회복시킬 것은 성령님의 도우심 가운데 되찾아 새벽을 깨우며 낮에 힘써 수고하게 되니 요즘은 날아갈 듯 몸도 마음도 가볍다.

> "예수께서 대답하시되 낮이 열두 시간이 아니냐 사람이 낮에 다니면 이 세상의 빛을 보므로 실족하지 아니하고 밤에 다니면 빛이 그 사람 안에 없는 고로 실족하느니라."

169 5월 6일 (요 4:23-24)

영과 진리로 드리는 예배

오늘은 자꾸 일터의 방향 전환과 변혁을 보여주신다. 하나님의 생각은 우리와는 본질적으로 높고 다르니 감히 알 수가 없지만, 성령님의 도우심으로 말미암아 자그마한 학원이지만 모든 교육과정의 아이디어나 운영의 섬세한 것조차 세밀히 인도해 가시는 것이 정말 느껴진다. 특히 오늘 더욱 놀라운 것은 갑자기 생각지도 듣지도 보지도 못했던 'Story Castle'이라는 프로그램을 구체적으로 보여주셨다. 매일 아이들에게 영어 성경으로 Story telling을 함으로 재미있고 자연스럽게 실력을 높이며, 그동안 개발해 왔던 비법 한자로 국/사/과 생각 짓기(Making Castles)를 할 수 있는 아주 기발한 프로그램이었다. 내 생각, 내 계획이 아닌 오직 성령님의 도우심으로 만들어짐에 온전한 순종으로 가르치며 섬겨야겠다. 아마 내일부터는 좀 바빠지지 않을까?

> "아버지께 참되게 예배하는 자들은 영과 진리로 예배할 때가 오나니 곧 이때라 아버지께서는 자기에게 이렇게 예배하는 자들을 찾으시느니라 하나님은 영이시니 예배하는 자가 영과 진리로 예배할지니라."

170 5월 7일 (약 5:13–14)

기도하라

다른 사람을 위해 나의 사적인 일을 제쳐두고 간절히 기도하는 것은 주님께서 도와주시지 않으면 참으로 힘들다. 하지만 성령님이 기뻐하시는 일이므로 중보기도에 더욱 힘쓰려 하며 그 중 몇 사람은 날마다 집중적으로 기도하고 있다. 그 중 4월 24일에 썼던 남편의 지인이신 분이 6.4지방 선거에 나가신다고 해서 기도에 박차를 가하고 있었는데 정말 이상하리만큼 성령님께서 반응하시며 기뻐하시기에 난 틀림없이 좋은 결과가 있으리라고 남편에게 과감히 선포하였다.

"너희 중에 고난 당하는 자가 있느냐 그는 기도할 것이요 즐거워하는 자가 있느냐 그는 찬송할지니라 너희 중에 병든 자가 있느냐 그는 교회의 장로들을 청할 것이요 그들은 주의 이름으로 기름을 바르며 그를 위하여 기도할지니라."

171 5월 8일 (잠 6:6-8, 20:4-5)

게으른 자

"게으른 자여 개미에게 가서 그가 하는 것을 보고 지혜를 얻으라 개미는 두령도 없고 감독자도 없고 통치자도 없으되 먹을 것을 여름 동안에 예비하며 추수 때에 양식을 모으느니라 게으른 자는 가을에 밭 갈지 아니하나니 그러므로 거둘 때에는 구걸할지라도 얻지 못하리라 사람의 마음에 있는 모략은 깊은 물 같으니라 그럴지라도 명철한 사람은 그것을 길어내느니라."

172 5월 9일 (고후 4:16–18)

우리의 속사람

하나님께서 우리 인간을 창조하실 때 흙으로 육을 만드시고 그 코에 생령을 불어넣으셔서 영과 혼이 있게 하셨다. 우리는 겉사람인 심신을 갈고 닦으려 교육을 받고 운동도 한다. 그러나 우리의 속사람인 영을 위해서는 소수의 사람들을 제외하고는 아무것도 하지를 않는다. 아니, 그 존재조차 모른다. 정말 우리가 하나님을 믿는다면, 또한 하나님과 교제하고 음성을 듣고 환상을 보고 싶다면, 영을 고사시키지 말고 끊임없이 영의 개발을 위해 영적 양식인 말씀 암송과 기도를 정기적으로 섭취해야 되지 않을까?

"그러므로 우리가 낙심하지 아니하노니 우리의 겉사람은 낡아지나 우리의 속사람은 날로 새로워지도다 우리가 잠시 받는 환난의 경한 것이 지극히 크고 영원한 영광의 중한 것을 우리에게 이루게 함이니 우리가 주목하는 것은 보이는 것이 아니요 보이지 않는 것이니 보이는 것은 잠깐이요 보이지 않는 것은 영원함이라."

173 5월 10일 (롬 10:9–10)

의와 구원에 이르는 길

그전엔 큰 소리로 기도하는 사람을 보면 주변에 대한 배려가 부족하다고 생각했었는데, 이제는 성경을 통해 부르짖어 변론하기를 원하는 아버지의 마음을 알았기에 틈이 나는 대로 생활 속에서도 입으로 시인하고, 속으로 우물거리지 않고 큰 소리로 부르짖으며 기도에 힘쓰고 있다. 하지만 깊숙하고 고요한 골방의 묵상기도도 병행하고 있다.

> "네가 만일 네 입으로 예수를 주로 시인하며 또 하나님께서 그를 죽은 자 가운데서 살리신 것을 네 마음에 믿으면 구원을 받으리라 사람이 마음으로 믿어 의에 이르고 입으로 시인하여 구원에 이르느니라."

174 5월 11일 (요일 3:8; 벧전 5:8)

마귀의 속성

날마다 성령의 임재하심이 뜨거워 가슴을 부여잡고 있음에도 불구하고, 천국으로 향하는 높은 계단과 긴 터널의 고수준의 시험은 성령님의 도움으로야 간신히 통과한다. 게다가 무시험인 화려하고 편리한

지옥의 문을 잠깐 넋놓고 바라보다 사탄의 표적이 되려던 순간, 말씀의 방망이로 딱 얻어 맞기도 한다. 한순간이라도 제발 입술로 범죄치 않고 말씀과 기도로 주 안의 평안을 사수해야겠다. 오늘 새벽엔 실로 오랜만에 주제를 알려 주셨다. 기쁨과 감동이 넘쳐흐른다.

> "죄를 짓는 자는 마귀에게 속하나니 마귀는 처음부터 범죄함이라 하나님의 아들이 나타나신 것은 마귀의 일을 멸하려 하심이라 근신하라 깨어라 너희 대적 마귀가 우는 사자같이 두루 다니며 삼킬 자를 찾나니."

175 5월 12일 (사 45:5–7)

하나님의 섭리

직장에 다니는 분들 때문에 우리는 토요일마다 구역예배를 드리는데, 올해부터 매주 암송 카드를 만들어 암송을 시작했다. 비록 작은 모임의 몸부림이지만 하나님께서 기뻐 받으시는 것이 용솟음치는 뜨거움으로 느껴지는 시간이다. 혼자만 매일 느끼는 암송의 그 기쁨과 놀라운 세계를 구역 식구들과 나누게 하신 하나님께 무한한 감사를 드립니다.

> "나는 여호와라 나 외에 다른 이가 없나니 나밖에 신이 없느니라 너는 나를 알지 못하였을지라도 나는 네 띠를 동일 것이요 해 뜨는 곳에서든지

지는 곳에서든지 나밖에 다른 이가 없는 줄을 알게 하리라 나는 여호와라 다른 이가 없느니라 나는 빛도 짓고 어둠도 창조하며 나는 평안도 짓고 환난도 창조하나니 나는 여호와라 이 모든 일들을 행하는 자니라 하였노라."

176 5월 13일 (단 6:10; 골 3:15)

감사로 이기라

밤새 커다란 용과 싸웠다. 어찌나 큰 전투였는지 새벽녘에 잠이 깨었다. 용과 뱀은 강력한 사탄인지라 이겨 보려 성령님께 도움을 청했고, 예수 이름과 감사로 이겨야 됨을 다시 한 번 깨닫게 되었다. 결국 큰 용을 작게 만들어 단지 속에 집어넣었고, 계속해서 예수 이름과 감사로 기도를 하니 결국 힘을 못 쓰고 죽어 갔다.

"다니엘이 이 조서에 왕의 도장이 찍힌 것을 알고도 자기 집에 돌아가서는 윗방에 올라가 예루살렘으로 향한 창문을 열고 전에 하던 대로 하루 세 번씩 무릎을 꿇고 기도하며 그의 하나님께 감사하였더라 그리스도의 평강이 너희 마음을 주장하게 하라 너희는 평강을 위하여 한 몸으로 부르심을 받았나니 너희는 또한 감사하는 자가 되라."

177 5월 14일 (약 1:15; 롬 6:23; 딤후 3:2, 5)

욕심

오늘도 새벽에 영적인 꿈을 또 주셨다. 영적인 것은 육적인 꿈과 완전히 표가 나서 구분할 수가 있다. 아무도 없는 넓은 황금 보리밭과 수확할 수 있는 잘 영근 마늘밭이었다. 너무 탐스러워 보리 이삭 몇 개를 땄다. 따고 났는데 몰래 따는 것에 대해 어찌 마음이 아픈지…… 정말 기분이 나빠 꿈에서 깨었다. 설마 내가? 난 농사에 대해서는 전혀 모르고 마늘밭이나 보리밭에도 가본 적이 없는데, 그리고 몰래 가져오고 싶지도 않은데 너무 속이 상했다. 하지만 내 마음속에 남아 있는 욕심을 보니 회개가 절로 나왔다.

"욕심이 잉태한즉 죄를 낳고 죄가 장성한즉 사망을 낳느니라 죄의 삯은 사망이요 하나님의 은사는 그리스도 예수 우리 주 안에 있는 영생이니라 사람들이 자기를 사랑하며 돈을 사랑하며 자랑하며 교만하며 비방하며 부모를 거역하며 감사하지 아니하며 거룩하지 아니하며 경건의 모양은 있으나 경건의 능력은 부인하니 이 같은 자들에게서 네가 돌아서라."

178 5월 15일 (삼상 3:3, 10)

하나님의 등불

귀가 둔해진 날은 성령님이 알려 주시는 주제를 듣지 못한다. 몸이 좀 고달플 때 우리의 영적인 귀와 눈이 예민한 것은 사실이다. 그렇다고 해서 일부러 괴롭힐 수도 없는 일이기에 더욱 말씀과 기도에 집중하여, 성령님이 인도하시는 들을 귀와 보는 눈에 강력한 파수꾼을 세워야겠다.

> "하나님의 등불은 아직 꺼지지 아니하였으며 사무엘은 하나님의 궤 있는 여호와의 전 안에 누웠더니 여호와께서 임하여 서서 전과 같이 사무엘아 사무엘아 부르시는지라 사무엘이 이르되 말씀하옵소서 주의 종이 듣겠나이다 하니."

179 5월 16일 (살전 5:10; 롬 14:8-9)

삶의 방향 전환

히브리서 5장 7절을 첫 번째로 아침 저녁 암송하면 오늘 내용은 24번째가 된다. 조금이라도 지난 것은 참 빨리도 잊어버리게 되지만 최근 암송하는 것은 되새김이 되어 날마다 날 붙들어 주는 삶의 원동력으로, 사탄을 이기는 힘이 된다.

"예수께서 우리를 위하여 죽으사 우리로 하여금 깨어 있든지 자든지 자기와 함께 살게 하려 하셨느니라 우리가 살아도 주를 위하여 살고 죽어도 주를 위하여 죽나니 그러므로 사나 죽으나 우리가 주의 것이로다 이를 위하여 그리스도께서 죽었다가 다시 살아나셨으니 곧 죽은 자와 산 자의 주가 되려 하심이라."

180 5월 17일 (요 14:12; 고후 4:7)

능력

어려서부터 교회에 다녔지만 더 깊은 세계에 대해선 뭔지도 모른 채 교회에 다니다가, 비로소 전주안디옥교회로 옮겨 제자훈련을 받으면서부터 말씀에 깨어 있게 되었다. 그리고 그리스도인에게는 능력뿐 아니라 또 그 능력을 누리고 전할 수 있다는 사실도 비로소 알게 되었다. 교육의 중요성을 새삼 느낀다. 그래서 예수님께서도 이 땅에 사시는 공생애 기간 동안 그렇게도 열심히 제자를 세우시고 훈련을 하셨나 보다.

"내가 진실로 진실로 너희에게 이르노니 나를 믿는 자는 내가 하는 일을 그도 할 것이요 또한 그보다 큰 일도 하리니 이는 내가 아버지께로 감이라 우리가 이 보배를 질그릇에 가졌으니 이는 심히 큰 능력은 하나님께 있고 우리에게 있지 아니함을 알게 하려 함이라."

181 5월 18일 (시 119:71; 잠 17:3, 27:21)

고난의 유익

요즘은 여러 가지로 육신이 힘들고 바쁘다. 그러나 영은 날로 새롭기에 마음은 구름 위를 달리고 있다. 첫째는, 성령님께서 선물하신 'Story Castle' 준비로 일거리가 많아졌고, 또 다가올 제자훈련에서 내가 선택강좌를 맡아 강의하게 되었는데 그 설레는 부담 또한 만만치가 않기 때문이다. 며칠 전 20여 분의 목사님들과 전도사님들 앞에서 약 두 시간 동안 시강을 했다. 많이 부족했지만 성령님께 간절히 구하고 기도하던 터라 잘 마무리할 수 있었다. 몇 년 동안 성경 암송으로 훈련하셨던 것을 이제 비로소 드러나게 하시는 섭리에 역시 놀라며 감사를 올립니다.

"고난 당한 것이 내게 유익이라 이로 말미암아 내가 주의 율례들을 배우게 되었나이다 도가니는 은을, 풀무는 금을 연단하거니와 여호와는 마음을 연단하시느니라 도가니로 은을, 풀무로 금을, 칭찬으로 사람을 단련하느니라."

182 5월 19일 (잠 26:11, 27:22)

어리석은 자

어리석은 자가 되어 세상과 타협하는 일이 없도록 날마다 주의 도우심으로 나를 근신시켜 본다. 말씀을 암송하게 되면 하나님께서 뭘 기뻐하실지, 뭘 싫어하실지 영 분별이 가능하게 된다. 누구를 만나든, 무엇을 하든 그 상황에 맞게 말씀이 자꾸 떠오르고 생각난다. 하지만 최대한 다른 사람들 앞에서는 절제하고 자제하려 한다.

> "개가 그 토한 것을 도로 먹는 것같이 미련한 자는 그 미련한 것을 거듭 행하느니라 미련한 자를 곡물과 함께 절구에 넣고 공이로 찧을지라도 그의 미련은 벗겨지지 아니하느니라."

183 5월 20일 (요 13:34-35; 요일 4:7-8, 20-21)

사랑하라

오늘 말씀을 암송하다 보니 도대체 우리가 무엇이기에 이렇게 사랑하시고 또 주야로 손바닥에 새기듯이 지키시는지 그 한없는 사랑과 은혜를 어찌해야 할지, 단지 감사하다는 말만으로는 표현이 되지 않음에 콧날이 시큰하고 마음의 감동으로 울컥해진다.

"새 계명을 너희에게 주노니 서로 사랑하라 내가 너희를 사랑한 것같이 너희도 서로 사랑하라 너희가 서로 사랑하면 이로써 모든 사람이 너희가 내 제자인 줄 알리라 사랑하는 자들아 우리가 서로 사랑하자 사랑은 하나님께 속한 것이니 사랑하는 자마다 하나님으로부터 나서 하나님을 알고 사랑하지 아니하는 자는 하나님을 알지 못하나니 이는 하나님은 사랑이심이라 누구든지 하나님을 사랑하노라 하고 그 형제를 미워하면 이는 거짓말하는 자니 보는 바 그 형제를 사랑하지 아니하는 자는 보지 못하는 하나님을 사랑할 수 없느니라 우리가 이 계명을 주께 받았나니 하나님을 사랑하는 자는 또한 그 형제를 사랑할지니라."

184 5월 21일 (잠 27:23, 26-27)

부지런히 살피라

창세 전부터 예비하신 만남으로 우리는 수많은 사람들을 만나고 산다. 유익을 끼치고 또 덕을 세우며 날마다 그리스도를 아는 냄새를 나타내시는 하나님께 더욱 감사하리라.

"네 양 떼의 형편을 부지런히 살피며 네 소 떼에 마음을 두라 어린 양의 털은 네 옷이 되며 염소는 밭을 사는 값이 되며 염소의 젖은 넉넉하여 너와 네 집의 음식이 되며 네 여종의 먹을 것이 되느니라."

185 5월 22일 (요 14:10)

아버지께서 일하심

난 실험하기를 좋아한다. 그래서 그런지 막연히 생각에만 그치지 않고 성령님이 기뻐하시는 일을 날마다 영에 민감하여 여러 가지를 행해 보았다. 말씀으로, 기도로, 전도로, 찬양으로, 구제로, 친교와 섬김으로……. 하나님께서 기뻐하실 만한 수많은 사역들 중에서, 우리가 말씀 안에 거할 때 가장 성령의 임재가 불같이 뜨거웠던 것 같다.

> "내가 아버지 안에 거하고 아버지는 내 안에 계신 것을 네가 믿지 아니하느냐 내가 너희에게 이르는 말은 스스로 하는 것이 아니라 아버지께서 내 안에 계셔서 그의 일을 하시는 것이라."

186 5월 23일 (계 12:10; 미 7:19)

그리스도의 권세

사탄은 항시 내 주변에서 틈을 노리고 도사리다 약점을 발견하면 즉시 공격하려 무장하고 있다. 우리는 알면서도 순간순간 방심하여 당한다. 그리고 허겁지겁 그리스도의 방어막으로 들어간다. 안 그래야지 하면서도 시행착오가 날마다 반복된다. 오늘은 기필코 내가 사탄을 공격하여 이기리라!

"내가 또 들으니 하늘에 큰 음성이 있어 이르되 이제 우리 하나님의 구원과 능력과 나라와 또 그의 그리스도의 권세가 나타났으니 우리 형제들을 참소하던 자 곧 우리 하나님 앞에서 밤낮 참소하던 자가 쫓겨났고 다시 우리를 불쌍히 여기셔서 우리의 죄악을 발로 밟으시고 우리의 모든 죄를 깊은 바다에 던지시리이다."

187 5월 24일 (합 2:2; 히 6:14)

기록하여 읽게 하라

작년 이맘때 있었던 일이다. 아침에 컴퓨터를 켰는데 문서 한쪽 켠에 박경희라는 이름이 고딕체로 투명하게 써 있었다. 한 번도 들어본 적 없는 모르는 사람이라 의아해 하며 마음에 두었다. 그리고 5부 예배와 새가족 섬김을 마치고 시간이 좀 남아 잠깐 사무실에 들르려고 나왔는데 본당 근처에서 잘 아는 교회 청년이 어떤 여집사님과 얘기하고 있었다. 눈 인사만 하고 지나치고 볼 일을 보고 오는데 그 집사님이 말을 걸어왔다. "집사님, 저번에 방송 잘 들었어요. 정말 못 들을 형편이었는데 하나님께서 듣게 하셨고 감동적이었어요." 하나님께서 만나게 하신 분이라는 생각이 강하게 들어서 서로 터놓고 얘기를 했고 카페로 와서 기도도 했다. 한눈에 봐서도 기도를 아주 많이 하시는 분 같았는데 안디옥교회 집사로 20년 다니시다 4월 20일에 목사 안수를 받았다고 했다. 전화 번호 주고 받으며 이름을 물으니 "박경희"라고 하였다. 그 놀라움이 지금까지도 생생한데 일 년이 지난 오늘 그 목사님이 어려운 가운데서도 창립 예배를 드린 것이다. 한눈에도 영적으로 충만하신 분임을 느낄 수 있는 귀한 여자 목사님 두 분과도 간증을 나누는데 '아, 이곳이 천국이구나'를 몇 번이나 실감했다.

> "여호와께서 내게 대답하여 이르시되 너는 이 묵시를 기록하여 판에 명백히 새기되 달려가면서도 읽을 수 있게 하라 이르시되 내가 반드시 너에게 복 주고 복 주며 너를 번성하게 하고 번성하게 하리라 하셨더니."

188 5월 25일 (사 54:17)

여호와의 종들의 기업

요즘은 복습하는 암송 분량은 많지만 기쁨으로 하니 어렵지 않다. 하나님께서 선물로 주신 'Story Castle' 준비도 이제 거의 끝나 간다. 지금까지 성림학원에 부어 주신 성령님의 그 강력한 역사와 동행하심에, 또 그 경이로운 프로젝트에 감사를 쉬지 않고 드리는데 금방이라도 눈물이 쏟아질 것 같다.

"너를 치려고 제조된 모든 연장이 쓸모가 없을 것이라 일어나 너를 대적하여 송사하는 모든 혀는 네게 정죄를 당하리니 이는 여호와의 종들의 기업이요 이는 그들이 내게서 얻은 공의니라 여호와의 말씀이니라."

189 5월 26일 (히 6:7-8)

인과

우리는 때로 신앙생활이 힘들어 우리 마음속에 우상을 세운다. 하나님께서 기뻐하시고 원하시는 일은 게을리하며 우리에게 필요한 세상의 복만 앵무새처럼 구한다. 원로목사님이신 이동휘 목사님께서는 '목사'가 내게는 '기를 목, 스승 사'가 아니고 '나무 목, 죽을 사'라고 강조하시며, 날마다 나를 나무에 달아 그리스도와 함께 죽여야 산다고 강조하셨다. 오늘도 그리스도와 함께 십자가에 못 박힘으로 부활의 영광을 구하리라.

"땅이 그 위에 자주 내리는 비를 흡수하여 밭 가는 자들이 쓰기에 합당한 채소를 내면 하나님께 복을 받고 만일 가시와 엉겅퀴를 내면 버림을 당하고 저주함에 가까워 그 마지막은 불사름이 되리라."

190 5월 27일 (히 5:13-14)

견고한 음식

이제 겨우 젖을 떼고 단단한 음식을 막 먹기 시작한 것 같은데, 사탄의 흉악한 간계로 체하거나 토해서 뒤로 물러가고 있지는 않은지, 날마다 중보기도로 부르짖어 성령님의 도우심을 구해 본다.

> "이는 젖을 먹는 자마다 어린아이니 의의 말씀을 경험하지 못한 자요 단단한 음식은 장성한 자의 것이니 그들은 지각을 사용함으로 연단을 받아 선악을 분별하는 자들이니라."

191 5월 28일 (출 15:26)

치료하시는 여호와

아버님이 돌아가신 후 우리 집에 오셔서 10년 넘게 함께 살고 계시는 시어머니께서 갑자기 손가락이 많이 아프셨다. 병원에 갔는데 가운뎃손가락이 너무 많이 곪아 들어가 아마 절단해야 할 것 같다고 했다. 너무 놀라서 집으로 돌아와 "어머니, 우리 함께 기도해 봐요. 살아 계신 하나님께서 모든 병도 주관하시고, 또 이렇게 성령님이 우리 안에 뜨거우신데 돕지 않으시겠어요?" 일단 어머니께 믿음의 확신을 먼저 드리고 난 뒤 기록된 말씀으로 기도하시던 예수님의 방식대로 간절히 기도했다.

"이르시되 너희가 너희 하나님 나 여호와의 말을 들어 순종하고 내가 보기에 의를 행하며 내 계명에 귀를 기울이며 내 모든 규례를 지키면 내가 애굽 사람에게 내린 모든 질병 중 하나도 너희에게 내리지 아니하리니 나는 너희를 치료하는 여호와임이라."

192 5월 29일 (시 84:5-6)

채워 주시는 복

아침 일찍 어머니의 손가락을 보았는데 정말 놀라지 않을 수 없었다. 언제 그랬느냐 싶게 깨끗이 나아 있었다. 기도는 기적이다.

날마다 기적을 체험하게 하시는 하나님, 감사드립니다.

"주께 힘을 얻고 그 마음에 시온의 대로가 있는 자는 복이 있나이다 그들이 눈물 골짜기로 지나갈 때에 그곳에 많은 샘이 있을 것이며 이른 비가 복을 채워 주나이다."

193 5월 30일 (시 143:5-6, 42:8)

주를 사모하나이다

성경공부를 깊이 하기 전까지는 늘 설교를 들어도 뭔가 갈급한 것이 있었다. 더 알고 싶은데 예배시간이 너무 짧아 빨리 끝나는 것이 항상 아쉬웠다. 그런데 이제 집에 돌아와서도 수많은 동영상으로 설교를 들을 수 있고, 통독하고 암송하고 깊이 묵상하다 보니 '24시간이 모자라다'는 말이 실감이 난다. '과연 이런 일이 있구나!'

> "내가 옛날을 기억하고 주의 모든 행하신 것을 읊조리며 주의 손이 행하는 일을 생각하고 주를 향하여 손을 펴고 내 영혼이 마른 땅같이 주를 사모하나이다 낮에는 여호와께서 그의 인자하심을 베푸시고 밤에는 그의 찬송이 내게 있어 생명의 하나님께 기도하리로다."

194 5월 31일 (눅 5:16, 6:12; 막 1:35, 9:29)

기도

드디어 선택 강좌 첫 시간을 보냈다. 아직 낯설고 홍보도 안 된 터라 많은 사람이 모이진 않았지만 모두의 눈이 반짝반짝거렸다. 어떻게든 말씀을 배워 보려 모인 사람들의 마음이 너무 아름답고 주님을 닮아 보였다. 그중에 정말 믿음과 실력이 뛰어난 전도사님, 부목사님, 그 영성이 높으신 사모님도 계셨다. 밑바닥부터 다시 시작하러 오셨다면서 얼마나 겸손하게 열심을 내시는지 그야말로 감동의 도가니였다.

"예수는 물러가사 한적한 곳에서 기도하시니라 이때에 예수께서 기도하시러 산으로 가사 밤이 새도록 하나님께 기도하시고 새벽 아직도 밝기 전에 예수께서 일어나 나가 한적한 곳으로 가사 거기서 기도하시더니 이르시되 기도 외에 다른 것으로는 이런 종류가 나갈 수 없느니라 하시니라."

195 6월 1일 (딤전 1:19; 창 15:6)

믿음과 양심을 가지라

도우시고 회복하게 하시고 인도하시며 사람을 보내주셔서 친구 되게 하시는 주님께 감사드린다. CGN TV에서 김하중 장로님 간증을 듣는 내내 성령의 임재가 말할 수 없이 뜨겁게 감동이 되었다. 주변을 바라보면 힘든 일들이 많음에도 불구하고 나의 영은 너무 기뻐서 감당할 수가 없다. 앞으로 우리가 알 수 없는 지극히 큰 하나님의 일들이 이뤄질 것들에 대한 믿음으로 감사와 찬양과 경배를 올립니다.

"믿음과 착한 양심을 가지라 어떤 이들은 이 양심을 버렸고 그 믿음에 관하여는 파선하였느니라 아브람이 여호와를 믿으니 여호와께서 이를 그의 의로 여기시고."

196 6월 2일 (고전 2:9)

예비하신 것들의 특징

한 달 전쯤 치웠던 돌탑이 안 생겨 너무 기분이 뿌듯했는데 산을 도는 중에 또 다시 매끄럽고 튼튼한 돌로 다시 쌓이는 것을 보았다. 바빠서 치우지는 못하고 돌아서는데 정말 억장이 무너지는 것 같았다.

"기록된 바 하나님이 자기를 사랑하는 자들을 위하여 예비하신 모든 것은 눈으로 보지 못하고 귀로 듣지 못하고 사람의 마음으로 생각하지도 못하였다 함과 같으니라."

197 6월 3일 (왕상 3:4-5, 7~9)

내가 네게 무엇을 줄꼬

새벽예배를 다녀와서 잠이 부족한지라 잠깐 자리에 누웠는데 성령님께서 맛있는 쑥 인절미를 주시고 이웃과 가족들과도 나누게 하시는지, 정말 배부르고 맛있게 실컷 먹고 잠에서 깨었는데 일어날 때까지도 입 속에 침이 가득하였다. 날마다 먹을 것으로 입을 것으로 풍족하게 공급하시는 하나님께, 가진 것은 비록 적지만 어떻게 갚아야 할지, 또 어떻게 나눌지 깊이 생각해보는 하루가 되렵니다.

"이에 왕이 제사하러 기브온으로 가니 거기는 산당이 큼이라 솔로몬이 그 제단에 일천 번제를 드렸더니 기브온에서 밤에 여호와께서 솔로몬의 꿈에 나타나시니라 하나님이 이르시되 내가 네게 무엇을 줄꼬 너는 구하라 나의 하나님 여호와여 주께서 종으로 종의 아버지 다윗을 대신하여 왕이 되게 하셨사오나 종은 작은 아이라 출입할 줄을 알지 못하고 주께서 택하신 백성 가운데 있나이다 그들은 큰 백성이라 수효가 많아서 셀 수도 없고 기록할 수도 없사오니 누가 주의 이 많은 백성을 재판할 수 있사오리이까 듣는 마음을 종에게 주사 주의 백성을 재판하여 선악을 분별하게 하옵소서."

198 6월 4일 (약 1:19)

속히 하거나 더디 하라

은혜가 넘치는 곳에 사탄이 더욱 강력한 것처럼 뭔가 결심을 할 때마다 여지없이 무너지는데 특히 마음속의 분은 더욱 그렇다. '화를 안 내고 예쁜 말과 덕이 되는 말만 해야지' 결심을 하고 나면 단 몇 분도 안 되어 무너질 때가 부지기수다. 일류 대학을 나오고 내놓으라 하는 직장에 다니다가 하나님을 만나서 그 좋은 직장 그만두고 성령충만으로 신학을 하고 목회를 하시게 된 어떤 목사님께서 신도가 200명인 교회의 담임목사님으로 첫 부임을 하셨는데 일 년 정도 지나자 점차 성도의 수가 줄어 50명도 채 안 되게 되었을 때 썼던 방식이 입에 바둑알을 물고 다니시며 다른 사람들의 일에 지적하지 않으셨다는 일화처럼 앞으로 나도 입술과 마음에 할례를 받고 말하기와 성내기를 더욱 더디하려 각고의 노력을 해야겠다.

"내 사랑하는 형제들아 너희가 알지니 사람마다 듣기는 속히 하고 말하기는 더디 하며 성내기도 더디 하라."

199 6월 5일 (합 3:17~18)

비록 없으지라도

하나님의 강권하심으로 날마다 중보기도 해오던 분이 어제 선거에서 떨어지셨다. 워낙 하나님께서 불 같은 성령으로 기뻐하시며 말씀도 허락하셨기에 정치에 대해 문외한이었던 나도 당선을 확신하고 있었는데, 마음이 아프고 낙심이 되어 뒤척이다 새벽예배를 가서는 하나님께 떼를 썼다. '탈락을 시키시려면 기도하게 마시든지요.' 힘없이 집에 돌아와서도 어리석은 우리와 하나님의 생각이 다른 것은 알고 있지만 그 생각이 무엇인지를 조금이나마 알고 싶어 깊이 기도하는데 선지자 하박국을 보이셨다.

하박국이 하나님께 왜 악인이 흥행하고 의인들이 고통을 당하게 되는지 호소하자 하나님께서 모든 일이 나의 계획이며 정한 때가 있으니 참고 기다리며 오직 믿음만이 살 길이라고 답변하셨다. 결국 하박국은 '~없을지라도 여호와로 인하여 기뻐하리로다'라는 고백을 하게 되는데 내게 충분한 답이 되었다. '하나님께서 기뻐하시는 사람이여, 부디 용기 잃지 마시고 오직 믿음으로 약속의 말씀 붙잡고 조금만 더 멀리 보시고 기운 내세요!' 앞으로 날마다 더욱 깊고 간절하게 중보기도 하리라 다짐해본다.

"비록 무화과나무가 무성치 못하며 포도나무에 열매가 없으며 감람나무에 소출이 없으며 밭에 먹을 것이 없으며 우리에 양이 없으며 외양간에

소가 없을지라도 나는 여호와를 말미암아 즐거워하며 나의 구원의 하나님으로 말미암아 기뻐하리로다."

200 6월 6일 (시 72:18–19)

찬송하라

며칠간 그 돌탑이 마음에 걸려 바늘 방석이었는데 갑자기 바쁜 일들이 생겨 도통 산에 갈 수가 없었다. 오늘은 단단히 맘 먹고 '어떻게든 또 치워야지' 했는데 깜짝 놀랄 일이 생겼다. 누군가 모두 헐어서 깨끗하였던 것이다. 동역하게 하심에 얼마나 감사한지 가슴이 뭉클하였다.

"홀로 기이한 일들을 행하시는 여호와 하나님 곧 이스라엘의 하나님을 찬송하며 그 영화로운 이름을 영원히 찬송할지어다 온 땅에 그의 영광이 충만할지어다 아멘 아멘."

201 6월 7일 (시 73:25-26)

오직 주밖에 없음

지금도 부족하지만 몇 년 전만 해도 나는 더 형편없는 모습이었다. 신앙인이면서도 사람을 보고 의지하고 기대하며 사랑하고 또 미워하고 원망하며 살았다. 왜 그렇게 어리석었을까? 하지만 이제는 그리스도만 바라보고 그분을 절대 떠나지 않으리라 다시 한 번 마음으로 결단해 본다.

> "하늘에서는 주 외에 누가 내게 있으리요 땅에서는 주밖에 내가 사모할 이 없나이다 내 육체와 마음은 쇠약하나 하나님은 내 마음의 반석이시요 영원한 분깃이시라."

202 6월 8일 (막 4:30-32)

하나님의 나라

우리 학원 아이들 중에는 천주교는 물론 불교신자들도 있고 무교도 있다. 하지만 'Story Castle' 시간엔 누구를 불문하고 영어 성경을 배운다. 강력히 기도하면서 일주일 교재를 준비하여 성경 스토리로 인쇄물을 만들기에 어떤 아이든 학년에 관계없이 모두 재미있어 하고, 또 성경 지식도 뛰어나게 된다. 성령의 도우심이 아니면 정말 있을 수 없는 기적 같은 일이 벌어지고 있다.

> "또 이르시되 우리가 하나님의 나라를 어떻게 비교하며 또 무슨 비유로 나타낼까 겨자씨 한 알과 같으니 땅에 심길 때에는 땅 위의 모든 씨보다 작은 것이로되 심긴 후에는 자라서 모든 풀보다 커지며 큰 가지를 내나니 공중의 새들이 그 그늘에 깃들일 만큼 되느니라."

203 6월 9일 (막 4:39-40)

바람과 바다를 다스리심

긴 말씀을 대표 한자로 줄여 부르는 찬양은 정말 놀랍다. 아플 때 부르면 낫게 되고 힘이 없을 때 부르면 힘이 생기고 우울할 때 부르면 기쁨이 넘치고 두려울 때 부르면 용기가 생긴다. 찬양 받으시기에 합당하신 말씀의 주인 되신 주의 이름을 영원히 찬양합니다.

> "예수께서 깨어 바람을 꾸짖으시며 바다더러 이르시되 잠잠하라 고요하라 하시니 바람이 그치고 아주 잔잔하여지더라 이에 제자들에게 이르시되 어찌하여 이렇게 무서워하느냐 너희가 어찌 믿음이 없느냐 하시니."

204 6월 10일 (고전 15:31)

날마다 죽노라

"형제들아 내가 그리스도 예수 우리 주 안에서 가진 바 너희에 대한 나의 자랑을 두고 단언하노니 나는 날마다 죽노라."

205 6월 11일 (고후 1:21-22)

보증으로 성령을 주심

난 어려서부터 교회를 다녔는데, 결혼해서 전주안디옥교회로 오기 전까지 여러 교회를 거쳤다. 다니면서 구역장을 맡아 공과도 가르치고 초·중·고등부 교사도 하고 여러 가지로 열심을 다했다. 하지만 성령님의 도움으로 하지 않고 오로지 내가 했다. 우연히 안디옥교회를 알고 조용히 찾아와 예배를 드리는데, 갑자기 말할 수 없는 폭포수 같은 뜨거운 눈물이 마구 쏟아졌다. 왜 그런지 이유도 모른 채 그렇게 약 3년의 시간이 흘렀다. 그 덕분에 가방 속에는 늘 면장갑이 있었다. 그러다가 교회에서 독수리 제자훈련을 하게 되었고, 나도 1기로 등록하게 되었다. 양육반 첫날, 그렇게 흘러내리던 눈물의 정체가 회개라는 것도 알게 되었다. 그래서 사람은 배워야 하나 보다. 그날 이후로 감사와 사모하는 마음을 주체할 수 없어 뭔가를 하지 않으면 안 되었기에 성경필사와 암송을 서툴게나마 시작하였다. 더불어 그 귀하디 귀한 가슴에 뜨겁게 요동치는 성령을 선물로 받게 되었다.

"우리를 너희와 함께 그리스도 안에서 굳건하게 하시고 우리에게 기름을 부으신 이는 하나님이시니 그가 또한 우리에게 인치시고 보증으로 우리 마음에 성령을 주셨느니라."

206 6월 12일 (**고후 8:9**)

부요케 하신 주

구역식구들에게 한 주의 주된 말씀을 코팅하여 주면 모두 외워가지고 오는데 너무 감동적이다. 나이 드신 분이라 처음엔 너무 어려울 것 같다고 하는데 한 주가 지나면 다 입에서 줄줄 나온다. 말씀의 위력은 실로 대단하다.

"우리 주 예수 그리스도의 은혜를 너희가 알거니와 부요하신 이로서 너희를 위하여 가난하게 되심은 그의 가난함으로 말미암아 너희를 부요하게 하려 하심이라."

207 6월 13일 (슥 4:6)

오직 나의 신

선택 강좌 시간 1부에는 대표 한자로 성경 통독하는 것을 하고, 2부에는 성경 암송을 동요로 바꿔 부르기를 하고 있는데, 얼마나 재미있는지 시간 가는 줄 모르게 강의가 마쳐진다.

"그가 내게 대답하여 이르되 여호와께서 스룹바벨에게 하신 말씀이 이러하니라 만군의 여호와께서 말씀하시되 이는 힘으로 되지 아니하며 능력으로 되지 아니하고 오직 나의 영으로 되느니라."

208 6월 14일 (마 16:18)

반석 위에 교회를 세우심

성경 암송을 동요로 바꿔 부르면 여러 가지 장점이 있다. 아무리 오랜 시간이 흘러도 잊혀지지 않고, 또한 부르고 있는 동안에도 마음이 즐거워 긍정의 에너지가 솟아나고, 성경 동요를 다 부르고 나면 마음에 도사리고 있던 우울, 근심, 미움이 모두 사라진다. 도우시는 성령님 덕분에 영혼육이 제대로 치유가 되는 것이다.

> "또 내가 네게 이르노니 너는 베드로라 내가 이 반석 위에 내 교회를 세우리니 음부의 권세가 이기지 못하리라."

209 6월 15일 (사 49:15-17)

너를 잊지 않겠다

3주 전에 창립예배 때 만난 귀한 목사님께서 찾아오셨다. 얼굴이 전등처럼 빛나고 온통 눈이 하나님 사모하는 마음으로 투영되어 있었다. 서로의 간증을 잠시 나누고 목사님 교회에서 이번 여름성경학교 때 외부 강사로 와주었으면 했다. 우리 교회 유년부에서도 특강을 하기로 했는데 겹치지 않도록 조율하여 하나님 살아 계심을 증거함으로 아이들의 영혼을 살리는 일을 위해 기도하며 준비해야겠다.

"여인이 어찌 그 젖 먹는 자식을 잊겠으며 자기 태에서 난 아들을 긍휼히 여기지 않겠느냐 그들은 혹시 잊을지라도 나는 너를 잊지 아니할 것이라 내가 너를 내 손바닥에 새겼고 너의 성벽이 항상 내 앞에 있나니 네 자녀들은 빨리 걸으며 너를 헐며 너를 황폐하게 하던 자들은 너를 떠나가리라."

210 6월 16일 (겔 47:1, 8, 12)

물로 물이 되살아남

예배를 기뻐하시는 하나님, 오늘은 또 얼마나 큰 은혜를 주시고 역사하실지 정말 가슴이 벅차고 기대된다. 아침 일찍부터 일어나 말씀으로 준비하고 신령과 진정으로 예배 드리는 장소가 곧 지성소이기에 그 지성소 문지방 밑에서 흘러나오는 물로 인하여 죽은 사해의 물이 되살아나는 역사가 체험될 것을 믿고 예배 장소를 향해 서둘러 발길을 재촉한다.

"그가 나를 데리고 성전 문에 이르시니 성전의 앞면이 동쪽을 향하였는데 그 문지방 밑에서 물이 나와 동쪽으로 흐르다가 성전 오른쪽 제단 남쪽으로 흘러내리더라 그가 내게 이르시되 이 물이 동쪽으로 향하여 흘러 아라바로 내려가서 바다에 이르리니 이 흘러내리는 물로 그 바다의 물이 되살아나리라 강 좌우 가에는 각종 먹을 과실나무가 자라서 그 잎이 시들지 아니하며 열매가 끊이지 아니하고 달마다 새 열매를 맺으리니 그 물이 성소를 통하여 나옴이라 그 열매는 먹을 만하고 그 잎사귀는 약 재료가 되리라."

211 6월 17일 (막 9:47-49)

범죄했을 때

성령님을 날마다 만날 때마다 늘 가슴이 불덩이처럼 뜨거운 것을 체험하다 보니 여름이든 겨울이든 따뜻한 것이 참 좋다. 그런데 우리 기도실은 좀 춥다. 겨울엔 난방을 하지 않아서 춥고 여름엔 냉방을 너무 많이 해서 그렇다. 하지만 뜨거운 성령의 도우심으로 외부 환경도 더욱 강력히 이겨야겠다.

"만일 네 눈이 너를 범죄하게 하거든 빼버리라 한 눈으로 하나님의 나라에 들어가는 것이 두 눈을 가지고 지옥에 던져지는 것보다 나으니라 거기에서는 구더기도 죽지 않고 불도 꺼지지 아니하느니라 사람마다 불로써 소금 치듯 함을 받으리라."

212 6월 18일 (고전 15:58)

주의 일에 힘쓰라

전주안디옥교회는 선교에 온 힘을 기울여 90개국에 411명의 선교사와 74명의 협력선교사를 파송하고 있다. 우리 모두 다 부르심을 받은 하나님의 종으로 오늘이라도 떠날 채비를 해야 되지 않을까? 그런데 지금 당장 떠나야 한다고 생각하면 엄두가 나지 않고, 너무 많은 것을 가지고 누리고 있기에 버릴 수가 없다는 것도 깨닫는다. 정말 버리는 훈련이 필요하다.

"그러므로 내 사랑하는 형제들아 견실하며 흔들리지 말고 항상 주의 일에 더욱 힘쓰는 자들이 되라 이는 너희 수고가 주 안에서 헛되지 않은 줄 앎이라."

213 6월 19일 (시 103:13~16; 사 40:7~8)

여호와를 경외하는 자

두 교회의 여름성경학교 특강 주제가 '난 하나님의 사람이에요'와 '예수님의 공생애 사역'으로 서로 달라 그것을 위해 기도하는데 하나님께서 그 방법과 내용을 보여 주셨다. 그동안 대표 한자의 뜻으로 익혔던 것을 쉽게 한글만 사용해 한 글자로 표현하는 것이었다. 공생애 사역은 '세금시오 인정화 갈신료장 지제훈련 병변전 활방구 청실만 기십부' 27글자로 '세례 받으시고 금식하시며 기록된 말씀으로 마귀 시험을 이기시고…'

역시 하나님의 사람이 가장 먼저 해야 할 일이 주신 계명을 날마다 묵상하는 것이기에 딱 10글자가 펼쳐졌는데 '신상명주 / 친살간도위탐' 바로 십계명이었다. '하나님께 집중하고 보이는 것만 따르지 말고 주의 이름을 높이고 날마다 예배 드리고 질서에 순종하고 형제나 이웃을 미워하지 말고 마음을 깨끗이 하고 선한 사마리아인이 되고 이웃을 비방하지 말고 남을 부러워 말라' 성령님께서 주시는 파노라마와 아주 오래 전 문봉주 목사님께서 강의하셨던 것이 오버랩되었다.

익힌 뒤 이것을 각각 동요에 맞춰 흥겹게 부르며 퀴즈식으로 풀면 된다. 매번 느끼는 것이지만 하나님께선 절대 하늘에서 덩어리째 뚝 떨어뜨려 주시지는 않고 구약의 백성들에게 만나를 내리셨던 것처럼 오늘날 우리에게도 순종할 때 매일 기도 중에 영의 양식으로 먹이시며 한 가지씩 주신다.

"아버지가 자식을 긍휼히 여김같이 여호와께서는 자기를 경외하는 자를 긍휼히 여기시나니 이는 그가 우리의 체질을 아시며 우리가 단지 먼지뿐임을 기억하심이로다 인생은 그 날이 풀과 같으며 그 영화가 들의 꽃과 같도다 그것은 바람이 지나가면 없어지나니 그 있던 자리도 다시 알지 못하거니와 풀은 마르고 꽃은 시듦은 여호와의 기운이 그 위에 붊이라 이 백성은 실로 풀이로다 풀은 마르고 꽃은 시드나 우리 하나님의 말씀은 영원히 서리라 하라."

214 6월 20일 (대상 15:15)

하나님의 방법대로

내 생각대로 하나님을 판단하며 좋으신 하나님으로만 규정하고 가두지 말고, 하나님께서 기뻐하시는 뜻이 무엇인지 알았으면 그 뜻대로 살아야 할 것이다. 또 그분이 어디를 바라보시며 무엇을 말씀하시는지 늘 귀기울이는 하루가 되길 다짐해 본다.

"모세가 여호와의 말씀을 따라 명령한 대로 레위 자손이 채에 하나님의 궤를 꿰어 어깨에 메니라."

215 6월 21일 (대하 15:2)

함께하길 원하심

요즘은 글 쓰는 일로 거의 잠을 자지 못하고 새벽녘에야 겨우 잠이 들다 보니 새벽예배 알람 소리를 전혀 들을 수가 없다. 아침에 잠에서 깨면 육신을 이기지 못함으로 인한 죄의식으로 괜히 기분이 좋지 않다. 회개를 해도 회개에 합당한 열매를 맺지 못하니 하루 종일 마음이 편치 않은 나 자신을 보면서, 부디 내일은 육신을 이길 수 있게 되기를 간절히 소망해 본다.

"그가 나가서 아사를 맞아 이르되 아사와 및 유다와 베냐민의 무리들아 내 말을 들으라 너희가 여호와와 함께하면 여호와께서 너희와 함께하실지라 너희가 만일 그를 찾으면 그가 너희와 만나게 되시려니와 너희가 만일 그를 버리면 그도 너희를 버리시리라."

216 6월 22일 (살전 5:8-9)

구원을 받게 하심

그전에는 구원을 한 번만 받으면 된다고 생각했는데, 성경을 깊이 읽다 보니 날마다 때마다 구원이 있음을 알게 되었다.

오늘도 우리를 구원해 주시는 주님, 감사하나이다!

"우리는 낮에 속하였으니 정신을 차리고 믿음과 사랑의 호심경을 붙이고 구원의 소망의 투구를 쓰자 하나님이 우리를 세우심은 노하심에 이르게 하심이 아니요 오직 우리 주 예수 그리스도로 말미암아 구원을 받게 하심이라."

217 6월 23일 (느 8:10, 12)

우리 힘의 근원

정신을 차리지 않으면 세상 속에 살면서 세상 일을 하고 세상 생각을 하며 그냥 시간을 허비하게 된다. 오늘은 정말 여호와로 인하여 기뻐하며, 말씀을 통해 주시는 하나님의 생각을 밝히 아는 삶을 살고 싶다.

> "느헤미야가 또 그들에게 이르기를 너희는 가서 살진 것을 먹고 단 것을 마시되 준비하지 못한 자에게는 나누어 주라 이날은 우리 주의 성일이니 근심하지 말라 여호와로 인하여 기뻐하는 것이 너희의 힘이니라 하고 모든 백성이 곧 가서 먹고 마시며 나누어 주고 크게 즐거워하니 이는 그들이 그 읽어 들려준 말을 밝히 앎이라."

218 6월 24일 (고후 1:3-5)

위로해 주시는 하나님

바울이 고린도 교회 성도들에게 보낸 편지를 통해 우리로 하여금 위로가 무엇인지를 알게 하신 하나님, 감사드립니다.

우리가 힘들 때마다 한없는 사랑으로 넘치게 위로해 주시는 주님! 우리가 위로 받을 때는 그것으로 끝이라 생각했는데, 넘쳐서 흐르는 그 많은 위로로 또 다른 이들을 위로하게 하시는 놀라운 하나님의 섭리에 절로 고개가 숙여진다.

"찬송하리로다 그는 우리 주 예수 그리스도의 하나님이시요 자비의 아버지시요 모든 위로의 하나님이시며 우리의 모든 환난 중에서 우리를 위로하사 우리로 하여금 하나님께 받는 위로로써 모든 환난 중에 있는 자들을 능히 위로하게 하시는 이시로다 그리스도의 고난이 우리에게 넘친 것같이 우리가 받는 위로도 그리스도로 말미암아 넘치는도다."

219 6월 25일 (사 11:9; 합 2:14; 고후 2:14)

물이 바다를 덮음같이

그리스도를 닮아 가는 향기 속엔 십자가로 얼룩진 피 흘림의 냄새도 들어 있다. 고난의 삶을 감사하며 물이 바다를 덮음같이 그리스도 안에서 보호되며 또한 다져지기도 소망합니다.

"내 거룩한 산 모든 곳에서 해 됨도 없고 상함도 없을 것이니 이는 물이 바다를 덮음같이 여호와를 아는 지식이 세상에 충만할 것임이니라 이는 물이 바다를 덮음같이 여호와의 영광을 인정하는 것이 세상에 가득함이니라 항상 우리를 그리스도 안에서 이기게 하시고 우리로 말미암아 각처에서 그리스도를 아는 냄새를 나타내시는 하나님께 감사하노라."

220 6월 26일 **(살전 5:23-24)**

온전히 거룩하게 하심

한자로 '고기 육'자를 보면 '멀 경'(인생길)에 겉사람, 속사람이 서로 닿지 않게 있다. 육 속에 영이 있는 것을 아예 모르는 사람도 있다. 그 육이(肉) 하늘과 땅을 십자가로 이으신 왕이신(王) 그리스도 안에 있으면(內) 비로소 온전해진다(全).

왕이신 그리스도를 찬양합니다.

"평강의 하나님이 친히 너희를 온전히 거룩하게 하시고 또 너희의 온 영과 혼과 몸이 우리 주 예수 그리스도께서 강림하실 때에 흠 없게 보전되기를 원하노라 너희를 부르시는 이는 미쁘시니 그가 또한 이루시리라."

221 6월 27일 **(말 4:5-6)**

돌이키게 하리라

《보물의 향연》은 교육용 도서이기에 혼자 읽기에는 좀 어렵고 재미가 없어 대중적이지 않은 건 사실이다. 그래서 좀 인기는 없다. 하지만 새벽에 하나님께서 그것을 더욱 아끼고 소중히 여겨 사람들과 함께 계속 익혀 나가라는 너무도 강력한 메시지를 주셨는데, 그 강력함 속에는 어렵다고 소홀히 하지 말고 있는 힘을 기울이라는 간절한 당부도 담겨 있었다. 너무 놀라기도 하고 부끄럽기도 해서 얼른 다시 시작해 보려 하니 정말 많이도 잊어버렸다는 사실에 깊이 회개했다. 오늘부터라도 당장 그동안 해왔던 성경 암송과 더불어 대표 한자로 찬양하는 일에 집중해야겠다.

> "보라 여호와의 크고 두려운 날이 이르기 전에 내가 선지자 엘리야를 너희에게 보내리니 그가 아버지의 마음을 자녀에게로 돌이키게 하고 자녀들의 마음을 그들의 아버지에게로 돌이키게 하리라 돌이키지 아니하면 두렵건대 내가 와서 저주로 그 땅을 칠까 하노라 하시니라."

222 6월 28일 (사 9:2, 57:14, 60:20; 마 4:15–16)

슬픔의 날의 끝

'창세기 사람 인, 날 생, 금할 금……' ♫ ♫ 어떻게 이럴 수가 있지? 정말 성령의 역사가 뜨겁다. 하나님이 기뻐하시는 것이 가슴속에서 다시 용솟음친다. 모두 45곡의 찬양 중에서 특히 공생애 사역 찬양을 할 때 성령의 임재가 가장 뜨겁다. 성경 암송도 기뻐하시는데 이렇게 대표 한자로 부르는 성경통독은 훨씬 더 기뻐하심을 알게 되었다. 더불어 신기하게도 며칠간 묶여 있던 개인적인 몇 가지 문제들이 삽시간에 해결되었다. 미련하여 잘 모르니 알게 하시려는 하나님의 섭리임에 틀림없다.

> "흑암에 행하던 백성이 큰 빛을 보고 사망의 그늘진 땅에 거주하던 자에게 빛이 비치도다 그가 말하기를 돋우고 돋우어 길을 수축하여 내 백성의 길에서 거치는 것을 제하여 버리라 하리라 다시는 네 해가 지지 아니하며 네 달이 물러가지 아니할 것은 여호와가 네 영원한 빛이 되고 네 슬픔의 날이 끝날 것임이라 스불론 땅과 납달리 땅과 요단 강 저편 해변 길과 이방의 갈릴리여 흑암에 앉은 백성이 큰 빛을 보았고 사망의 땅과 그늘에 앉은 자들에게 빛이 비치었도다 하였느니라."

223 6월 29일 (마 11:12)

천국

오늘도 성령님께서 다른 사람에게 가르치며 말씀의 역사를 나누는 것에 대해 강권하심을 느끼게 하셨다. 아이들에게는 가르치기 쉽지만 나이 드신 집사님들께는 조금 힘든 일이기에 순종함으로 최대한 쉽고 재미있게 많은 자료 준비를 했다. 악보도 넣어 코팅도 준비했다. 내일 열린 구역예배인데 정말 기대가 되고, 집사님들과 함께 나눌 생각을 하니 벌써부터 마음이 설렌다. 어느 정도 준비를 마치고 즐거운 마음으로 성경을 보는데, "천국은 침노를 당하나니 침노하는 자는 빼앗느니라"는 말씀이 자꾸자꾸 읽어도 그 어감이 꿈꿔 왔던 천국과는 조금 다르게 느껴졌다. 그래서 영어 성경을 보았는데 딱 마음에 와 닿아서 말을 조금 바꾸어 암송하여 보았다. '앎'이란 정말 기쁘다.

"세례 요한의 때부터 지금까지 천국은 침노를 당하나니 침노하는 자는 빼앗느니라(From the days of John the Baptist until now, the kingdom of heaven has been forcefully advancing, and forceful men lay hold of it – 세례 요한의 때부터 지금까지 천국은 강력히 전진하나니 강력한 자는 그것을 붙잡느니라)."

224 6월 30일 (렘 31:31-33)

새 언약

'Story Castle' 방에서 구역예배를 드렸다. 들뜬 마음을 자제하고 준비한 자료와 함께 유월절을 1, 2, 3으로 나누어, 최대한 쉽게 도표를 그려 공생애 사역에 관해 설명하고, 찍찍이 판에 만들어 온 코팅 글자를 붙이기도 하고 267장에 맞추어 찬양도 드렸다.

"여호와의 말씀이니라 보라 날이 이르리니 내가 이스라엘 집과 유다 집에 새 언약을 맺으리라 이 언약은 내가 그들의 조상들의 손을 잡고 애굽 땅에서 인도하여 내던 날에 맺은 것과 같지 아니할 것은 내가 그들의 남편이 되었어도 그들이 내 언약을 깨뜨렸음이라 여호와의 말씀이니라 그러나 그날 후에 내가 이스라엘 집과 맺을 언약은 이러하니 곧 내가 나의 법을 그들의 속에 두며 그들의 마음에 기록하여 나는 그들의 하나님이 되고 그들은 내 백성이 될 것이라 여호와의 말씀이니라."

225 7월 1일 (합 2:3)

종말의 때

주일날이라 식구들이 늦잠을 자는 바람에 거의 꼬박 날을 새우며 성경 통독에 몰두할 수 있었다. 복 터진 날이다!!!

"이 묵시는 정한 때가 있나니 그 종말이 속히 이르겠고 결코 거짓되지 아니하리라 비록 더딜지라도 기다리라 지체되지 않고 반드시 응하리라."

226 7월 2일 (잠 3:3-4)

떠나지 말게 하라

1. 성경 목록가, 구약과 신약, 공생애를 대표 한자로 찬양하기(5곡).
2. 창세기부터 말라기까지 통독하며 대표 한자로 찬양하기(22곡).

3. 사복음서부터 계시록까지 통독하며 대표 한자로 찬양하기(18곡).

그동안 많이 잊고 있었는데 성령님의 도우심으로 다시 회복되어 정말 큰 기쁨을 느끼게 되었다.

도우시는 성령님, 감사드립니다.

"인자와 진리가 네게서 떠나지 말게 하고 그것을 네 목에 매며 네 마음판에 새기라 그리하면 네가 하나님과 사람 앞에서 은총과 귀중히 여김을 받으리라."

227 7월 3일 (잠 5:3–6)

음녀의 입술

"대저 음녀의 입술은 꿀을 떨어뜨리며 그의 입은 기름보다 미끄러우나 나중은 쑥같이 쓰고 두 날 가진 칼같이 날카로우며 그의 발은 사지로 내려가며 그의 걸음은 스올로 나아가나니 그는 생명의 평탄한 길을 찾지 못하며 자기 길이 든든하지 못하여도 그것을 깨닫지 못하느니라."

228 7월 4일 (계 1:8, 18)

알파와 오메가

강준민 목사님의 '성경암송의 축복'은 정말 놀라운 책이다. 얼마나 말씀에 충실히 기록되었는지 장마다 밑줄이 안 그어진 곳이 드물며, 몇 번이고 읽으면서 마음에 새김으로 돌 같은 마음이 살처럼 부드러워짐을 알 수 있게 된다. 귀한 책이 더욱 널리 퍼져 전파되길 기도해본다.

"주 하나님이 이르시되 나는 알파와 오메가라 이제도 있고 전에도 있었고 장차 올 자요 전능한 자라 하시더라 곧 살아 있는 자라 내가 전에 죽었었노라 볼지어다 이제 세세토록 살아 있어 사망과 음부의 열쇠를 가졌노니."

229 7월 5일 (롬 8:16-18)

자녀의 증거

"성령이 친히 우리의 영과 더불어 우리가 하나님의 자녀인 것을 증언하시나니 자녀이면 또한 상속자 곧 하나님의 상속자요 그리스도와 함께한 상속자니 우리가 그와 함께 영광을 받기 위하여 고난도 함께 받아야 할 것이니라 생각하건대 현재의 고난은 장차 우리에게 나타날 영광과 비교할 수 없도다."

230 7월 6일 (고후 1:20; 계 3:14-15)

아멘

담임목사님께서는 우리 일반 성도들도 기도의 동역자라고 늘 겸손히 말씀하신다. 과연 그 반열에 올라 중보기도로 동역할 수 있는지 점검하며, 교회의 공동 목표를 향해 정말로 열심히 부르짖어 기도해야겠다.

"하나님의 약속은 얼마든지 그리스도 안에서 예가 되니 그런즉 그로 말미암아 우리가 아멘 하여 하나님께 영광을 돌리게 되느니라 라오디게아 교회의 사자에게 편지하라 아멘이시요 충성되고 참된 증인이시요 하나님의 창조의 근본이신 이가 이르시되 내가 네 행위를 아노니 네가 차지도 아니하고 뜨겁지도 아니하도다 네가 차든지 뜨겁든지 하기를 원하노라."

231 7월 7일 (잠 27:1; 고후 7:1)

거룩함으로 깨끗하게 하자

교회가 걸을 수 있는 거리가 아니기에 새벽마다 함께 차를 타고 다니도록 하나님께서 예비하신 정말 신실한 집사님이 있는데, 얼마나 긍정적인지 대화만 해도 많은 은혜를 받는다. 믿음 안의 식구들을 붙여 주신 하나님께 감사와 찬양을 올립니다.

> "너는 내일 일을 자랑하지 말라 하루 동안에 무슨 일이 일어날는지 네가 알 수 없음이니라 그런즉 사랑하는 자들아 이 약속을 가진 우리는 하나님을 두려워하는 가운데서 거룩함을 온전히 이루어 육과 영의 온갖 더러운 것에서 자신을 깨끗하게 하자."

232 7월 8일 (요 6:27)

하나님께서 인치신 자

주변에 믿지 않는 사람들을 만나고 그들의 생활 방식을 보면서 너무 마음이 아프다. 목표와 소망이 다르고, 순간을 즐기는 유한한 그 삶을 바꿔야 된다고 아무리 설명을 해도 듣거나 믿으려 하지 않고 오히려 이상한 눈으로 바라보고 질타를 듣다 보니 전도하는 일에 지치기도 한다. 무조건 양보하고 사랑하며 덕을 세우기엔 너무 답답하고 우둔하기만 한 그 사람들을 어찌해야 할까? 분명히 그 대가로 불로 소금 치듯 함을 받을 텐데…….

"썩을 양식을 위하여 일하지 말고 영생하도록 있는 양식을 위하여 하라 이 양식은 인자가 너희에게 주리니 인자는 아버지 하나님께서 인치신 자니라."

233 7월 9일 (마 8:16; 요 3:34)

말씀 사역

오늘 날씨는 그야말로 푹푹 쪄서 불쾌지수가 매우 높지만, 성령이 자리하신 내 마음은 정말 뜨거워서 속사람의 기분은 최고로 상쾌하다. 어제는 새벽예배 끝나고 성령님의 중보기도를 하러 급히 뛰어가다 넘어져서 손바닥과 무릎에 상처가 조금 났다. 머리로는 말씀을 암송하여 붙잡고 입과 배로는 부르짖는 기도를 동시에 할 때, 하나님께서 얼마나 기쁘게 역사하시는지 그 체험이 너무 기뻐서 흥분의 도가니다. 그래서 분초도 소홀히 할 수가 없어 나이는 생각지도 않고 마구 뛴다.

"저물매 사람들이 귀신 들린 자를 많이 데리고 예수께 오거늘 예수께서 말씀으로 귀신들을 쫓아내시고 병든 자들을 다 고치시니 하나님이 보내신 이는 하나님의 말씀을 하나니 이는 하나님이 성령을 한량없이 주심이니라."

234 7월 10일 (출 12:11)

여호와의 유월절

새벽예배가 끝나면 성령님의 중보기도를 40분 정도 드리는데 사모님께서 직접 이끄신다. 사모님은 평소에는 순한 양 같다가도 기도만 들어가면 하나님 군대의 강한 여전사로 변하는데, 정말 하나님의 사람이 아니면 절대로 불가능한 일이라는 생각이 든다. 제자훈련 때는 내 강사님이셨는데, 믿음의 선배이면서 지금까지도 영적 스승의 역할을 하신다. 그래서 하나님 나라를 세우는 데 영적으로 혼자 감당하기 어려운 일이 있을 때마다 승리할 수 있도록 발벗고 나서서 도와주시며, 중보기도로 끝까지 영의 양식을 먹이신다.

"너희는 그것을 이렇게 먹을지니 허리에 띠를 띠고 발에 신을 신고 손에 지팡이를 잡고 급히 먹으라 이것이 여호와의 유월절이니라."

235 7월 11일 (엡 4:2–3; 롬 8:38~39)

하나 되게 하신 것을 지키라

날마다 겸손하게 해달라고 성령님께 떼를 쓴다. 그런데 하루를 지내다 보면 꼭 여지없이 무너지고 그 자리에 교만과 욕심이 자리하고 있다. 하지만 이대로 너무 허무하게 당하고 무너질 수는 없다. 성령님의 도우심을 더욱 구하고 말씀과 기도로 더 단단히 무장해야겠다.

> "모든 겸손과 온유로 하고 오래 참음으로 사랑 가운데서 서로 용납하고 평안의 매는 줄로 성령이 하나 되게 하신 것을 힘써 지키라 내가 확신하노니 사망이나 생명이나 천사들이나 권세자들이나 현재 일이나 장래 일이나 능력이나 높음이나 깊음이나 다른 어떤 피조물이라도 우리를 우리 주 그리스도 예수 안에 있는 하나님의 사랑에서 끊을 수 없으리라."

236 7월 12일 (잠 1:8–9)

내 아들아

내겐 아들이 둘 있다. 큰아이는 이제 서른 중반으로 결혼을 준비하고 있다. 예비 며느리를 위해서도 날마다 기도의 대접을 채우고 있는데, 앞으로 귀한 믿음의 동역자가 될 것이다. 작은아이는 큰아이가 고등학교에 들어가고 나서 기도로 늦게 얻은 아이라 감사로 길러 큐티를 놓치면 밥도 안 먹겠다던 아이가, 이제는 게임과 취미생활을 말씀보다 더 많이 즐긴다. 내심 걱정되지만 부모의 잔소리는 너무 무기력한 메아리가 되기에 오직 더 많이 기도할 뿐이다.

"내 아들아 네 아비의 훈계를 들으며 네 어미의 법을 떠나지 말라 이는 네 머리의 아름다운 관이요 네 목의 금 사슬이니라."

237 7월 13일 (잠 18:14, 28:9)

병을 이길 수 있는 심령

마음으로 병을 치료할 수 있다니 참 놀랍다. 하나님을 진정으로 만나지 못했던 몇 년 전까지만 해도 온갖 영양제를 먹고 몸에 좋은 음식을 다 먹어도 각종 병으로 병원을 들락거렸는데, 지금은 약 하나 먹지 않고 오직 말씀으로만 충만케 하는데도 너무 건강하고 몸이 날아갈 것 같다. 다만 영적으로 깨달아야 될 일이 있을 때만 예상치 못한 곳이 아프다. 여러 가지 경우를 볼 때 이미 답은 나와 있다. 말씀과 기도를 붙들고 있는 한 갈렙처럼 늙어도 강건하리라.

"사람의 심령은 그의 병을 능히 이기려니와 심령이 상하면 그것을 누가 일으키겠느냐 사람이 귀를 돌려 율법을 듣지 아니하면 그의 기도도 가증하니라."

238 7월 14일 (고후 4:8-10)

몸의 흔적

"우리가 사방으로 우겨쌈을 당하여도 싸이지 아니하며 답답한 일을 당하여도 낙심하지 아니하며 박해를 받아도 버린 바 되지 아니하며 거꾸러뜨림을 당하여도 망하지 아니하고 우리가 항상 예수의 죽음을 몸에 짊어짐은 예수의 생명이 또한 우리 몸에 나타나게 하려 함이라."

239 7월 15일 (잠 24:1, 23:17-18)

부러워하지 말라

주변에서 하나님을 믿지도 않고 마음이 정말 악한데도 잘되는 사람들을 흔히 보게 된다. 하지만 그들을 전혀 부러워하지 않는다. 왜냐하면 그들은 분명 머지않아 주의 심판대 앞에 서게 될 것이기 때문이다.

"너는 악인의 형통함을 부러워하지 말며 그와 함께 있으려고 하지도 말지어다 네 마음으로 죄인의 형통을 부러워하지 말고 항상 여호와를 경외하라 정녕히 네 장래가 있겠고 네 소망이 끊어지지 아니하리라."

240 7월 16일 (출 33:11; 눅 22:44, 46, 43)

핏방울 같은 기도

성령님의 중보기도로 강력히 부르짖으면 아주 놀라운 일이 생긴다. 나의 경우에는 속에 있던 더러운 것들이 아주 희디흰 가래와 함께 빠져나가기에 새벽마다 키친티슈를 적당량 뜯어서 가지고 다닌다. 특히 말씀을 암송하며 부르짖으면 영적인 파쇄 능력이 더욱 강하여서 전투가 훨씬 심해지면서 결국 개선가를 부르게 된다.

"사람이 자기의 친구와 이야기함같이 여호와께서는 모세와 대면하여 말씀하시며 모세는 진으로 돌아오나 눈의 아들 젊은 수종자 여호수아는 회막을 떠나지 아니하니라 예수께서 힘쓰고 애써 더욱 간절히 기도하시니 땀이 땅에 떨어지는 핏방울같이 되더라 이르시되 어찌하여 자느냐 시험에 들지 않게 일어나 기도하라 하시니라 천사가 하늘로부터 예수께 나타나 힘을 더하더라."

241 7월 17일 (슥 9:9)

겸손하신 왕

"시온의 딸아 크게 기뻐할지어다 예루살렘의 딸아 즐거이 부를지어다 보라 네 왕이 네게 임하시나니 그는 공의로우시며 구원을 베푸시며 겸손하여서 나귀를 타시나니 나귀의 작은 것 곧 나귀 새끼니라."

242 7월 18일 (출 17:15–16)

여호와 닛시

오늘 수요 오전 예배 때 대표기도를 드렸다. 얼마나 소리 없이 눈물이 쏟아지는지……. 보증으로 각 사람의 마음에 주신 성령님의 예비하심 그리고 도우심이 정말 놀라워 끝없이 감사할 뿐이다.

"모세가 제단을 쌓고 그 이름을 여호와 닛시라 하고 이르되 여호와께서 맹세하시기를 여호와가 아말렉과 더불어 대대로 싸우리라 하셨다 하였더라."

243 7월 19일 (시 27:2-4)

여호와의 집에 살게 하소서

날마다 여호와의 집에 살기 위하여 말씀의 세계로 들어간다. 암송을 하고 있으면 형언할 수 없는 용기가 생긴다. 왜냐하면 주께서 바로 함께 계시며 친구가 되시기 때문이다.

> "악인들이 내 살을 먹으려고 내게로 왔으나 나의 대적들, 나의 원수들인 그들은 실족하여 넘어졌도다 군대가 나를 대적하여 진칠지라도 내 마음이 두렵지 아니하며 전쟁이 일어나 나를 치려 할지라도 나는 여전히 태연하리로다 내가 여호와께 바라는 한 가지 일 그것을 구하리니 곧 내가 내 평생에 여호와의 집에 살면서 여호와의 아름다움을 바라보며 그의 성전에서 사모하는 그것이라."

244 7월 20일 (시 44:3)

주의 권능

지금까지 반백 년 동안 열심히 살아왔는데 세상 것들은 정말 바람처럼, 연기처럼 소리 없이 사라져 버렸다. 그러나 몇 년 동안 사랑하며 암송했던 말씀은 가슴과 머리에 깊숙이 자리하고 있으며, 분초마다 그 말씀이 살아 움직여 구원의 방주가 되고 있다.

> "그들이 자기 칼로 땅을 얻어 차지함이 아니요 그들의 팔이 그들을 구원함도 아니라 오직 주의 오른손과 주의 팔과 주의 얼굴의 빛으로 하셨으니 주께서 그들을 기뻐하신 까닭이니이다."

245 7월 21일 (시 40:3, 52:8)

새 노래

우리 학원 아이들 중에는 정말 탁월할 정도로 영리한 아이들이 많다. 수업을 주로 재미있게 피드백으로 발표하다 보니 적은 시간 공부하고 좋은 성적을 거둔다. 그 중 아이디어가 기발한 아이가 하나 있다. 처음 학원에 왔을 땐 감당이 안 될 정도로 욕심이 많고 이기적이어서 새벽마다 내 기도 제목이었던 것 같은데 이제는 내가 힘들고 지칠 때 늘 즐겁게 웃게 만드는 마음 따뜻한 아이가 되었다. 또한 자투리 시간에 성림일보를 만들어 주변 아이들에게 공감대를 형성하고 중2인데도 고등 영어 단어, 숙어, 문장 수십 개를 단 몇 분 만에 척척 외운다. 하나님의 은혜가 아니면 불가능한 변화라는 것을 알기에 더욱 기도하게 된다.

"새 노래 곧 우리 하나님께 올릴 찬송을 내 입에 두셨으니 많은 사람이 보고 두려워하여 여호와를 의지하리로다 그러나 나는 하나님의 집에 있는 푸른 감람나무 같음이여 하나님의 인자하심을 영원히 의지하리로다."

246 7월 22일 (잠 13:20, 27:17)

친구의 얼굴

5부 예배를 인도하시는 목사님이 젊고 역동적인 분으로 바뀌셨다. 예배 때마다 전초전으로 시작되는 찬양과 더불어 난 벌써 몇 년째 매주 눈물 범벅이 되곤 했다. 그래서 성령님이 나를 기쁘게 받으셔서 눈물로 회개하게 하시나 보다 생각해 왔는데, 이끄시는 목사님의 분위기가 바뀌어 갑자기 눈물이 사라졌다는 사실에 충격이 되었다. 아무리 마음을 가다듬고 애를 써도 되질 않았다. 그전에 인도하시던 목사님께서 워낙 찬양에 탁월하셨고 기도도 많이 하시고 노련하게 잘 이끄셔서 그렇게도 눈물을 흘렸다고는 생각해 본 적이 없었는데, 이 교만을 어찌할꼬…….

"지혜로운 자와 동행하면 지혜를 얻고 미련한 자와 사귀면 해를 받느니라 철이 철을 날카롭게 하는 것같이 사람이 그의 친구의 얼굴을 빛나게 하느니라."

247 7월 23일 (시 57:7, 102:26-27)

무궁하신 주의 연대

"하나님이여 내 마음이 확정되었고 내 마음이 확정되었사오니 내가 노래하고 내가 찬송하리이다 천지는 없어지려니와 주는 영존하시겠고 그것들은 다 옷같이 낡으리니 의복같이 바꾸시면 바뀌려니와 주는 한결같으시고 주의 연대는 무궁하리이다."

248 7월 24일 (시 39:6, 78:39)

다시 오지 못하는 바람

"진실로 각 사람은 그림자같이 다니고 헛된 일로 소란하며 재물을 쌓으나 누가 거둘는지 알지 못하나이다 그들은 육체이며 가고 다시 돌아오지 못하는 바람임을 기억하셨음이라."

249 7월 25일 (시 115:4-8)

우상의 특징

드디어 오늘 선택 강좌 8주를 마치는 날이다. 그동안 멤버들과 함께 얼마나 기쁨과 경외함으로 달려왔는지 마음의 흥분이 좀처럼 가시질 않았다. 모두들 너무 아쉬워했고, 값진 암송 찬양을 먼저 하나님께 올려드리고, 또 여러 사람들과 나누고 싶어 제자훈련 졸업식 때 발표회를 가지기로 결정했다.

무에서 유를 창조해 가시는 하나님의 섭리에 박수를 보냅니다.

"그들의 우상들은 은과 금이요 사람이 손으로 만든 것이라 입이 있어도 말하지 못하며 눈이 있어도 보지 못하며 귀가 있어도 듣지 못하며 코가 있어도 냄새 맡지 못하며 손이 있어도 만지지 못하며 발이 있어도 걷지 못하며 목구멍이 있어도 작은 소리조차 내지 못하느니라 우상들을 만드는 자들과 그것을 의지하는 자들이 다 그와 같으리로다."

250 7월 26일 (롬 13:12–14)

빛의 갑옷을 입자

“밤이 깊고 낮이 가까웠으니 그러므로 우리가 어둠의 일을 벗고 빛의 갑옷을 입자 낮에와 같이 단정히 행하고 방탕하거나 술 취하지 말며 음란하거나 호색하지 말며 다투거나 시기하지 말고 오직 주 예수 그리스도로 옷 입고 정욕을 위하여 육신의 일을 도모하지 말라.”

251 7월 27일 (시 81:7; 왕상 18:37~38)

부르짖으매

지금까지 매일 말씀 선정은 1. CGN TV 강의를 듣거나 2. 목사님들 설교 중에 강조하시는 말씀들이나 3. 꿈이나 환상을 통해 성령님께서 직접 주시는 말씀들을 발췌해서 해왔다. 요즘은 시편을 통독하며 특별히 성령님이 감동으로 주시는 말씀을 선정하여 이곳에 기록하고 또 암송하고 있다. 그런데 놀라운 것은 시편 내용을 암송하며 느낀 것인데, B.C. 1000년경 그 당시 시를 지은 저자들과 마치 동일시되듯 감정이입이 되면서 하나님의 심정을 알게 하신다는 것이다. 주의 일은 정말 놀라울 뿐이다. 말로 설명할 수 없는 부분이 너무 많다.

"네가 고난 중에 부르짖으매 내가 너를 건졌고 우렛소리의 은밀한 곳에서 네게 응답하며 므리바 물가에서 너를 시험하였도다 여호와여 내게 응답하옵소서 내게 응답하옵소서 이 백성에게 주 여호와는 하나님이신 것과 주는 그들의 마음을 되돌이키심을 알게 하옵소서 하매 이에 여호와의 불이 내려서 번제물과 나무와 돌과 흙을 태우고 또 도랑의 물을 핥은지라."

252 7월 28일 (시 112:1-3)

계명을 즐거워하는 자

종강을 했지만 발표를 준비하기 위해서 모였는데 어찌나 열심히 하는지 은혜가 되었다. 어느 중학교 선생님으로 있는 분은 임신 9개월의 몸으로 참석을 하였는데 너무 아름다웠다. 나도 늦둥이 때 열성 태교라면 안 빠졌는데, 얼마나 하나님이 기뻐하실지 최고의 태교가 될 것이다.

"할렐루야, 여호와를 경외하며 그의 계명을 크게 즐거워하는 자는 복이 있도다 그의 후손이 땅에서 강성함이여 정직한 자들의 후손에게 복이 있으리로다 부와 재물이 그의 집에 있음이여 그의 공의가 영구히 서 있으리로다."

253 7월 29일 (고후 10:4, 10:8)

주께서 주신 권세

"우리의 싸우는 무기는 육신에 속한 것이 아니요 오직 어떤 견고한 진도 무너뜨리는 하나님의 능력이라 모든 이론을 무너뜨리며 주께서 주신 권세는 너희를 무너뜨리려고 하신 것이 아니요 세우려고 하신 것이니 내가 이에 대하여 지나치게 자랑하여도 부끄럽지 아니하리라."

254 7월 30일 (마 15:18; 엡 4:29; 시 37:30)

입술의 권세

요즘은 아이들도 대중매체에서 흘러나오는 말들의 영향으로 인해 말이나 행동이 매우 거칠다. 하지만 내가 나를 낮추고 상대방의 장점을 찾아 먼저 부드럽고 깍듯하게 대하면 어이없어라 하면서도 자세를 고친다.

입술의 권세를 허락하신 하나님께 오늘도 감사를 올립니다.

"입에서 나오는 것들은 마음에서 나오나니 이것이야말로 사람을 더럽게 하느니라 무릇 더러운 말은 너희 입 밖에도 내지 말고 오직 덕을 세우는데 소용되는 대로 선한 말을 하여 듣는 자들에게 은혜를 끼치게 하라 의인의 입은 지혜로우며 그의 혀는 정의를 말하며."

255 7월 31일 (계 19:5-6)

통치하시는 하나님

"보좌에서 음성이 나서 이르시되 하나님의 종들 곧 그를 경외하는 너희들아 작은 자나 큰 자나 다 우리 하나님께 찬송하라 하더라 또 내가 들으니 허다한 무리의 음성과도 같고 많은 물소리와도 같고 큰 우렛소리와도 같은 소리로 이르되 할렐루야 주 우리 하나님 곧 전능하신 이가 통치하시도다."

256 8월 1일 (엡 3:18-19)

충만하게 하심

본격적인 휴가철이다. 남편은 가족들과 함께 자꾸 밖으로 나가자고 하는데 난 '말씀 찬양 메들리' 준비로 마음이 콩밭에 있다.

"능히 모든 성도와 함께 지식에 넘치는 그리스도의 사랑을 알고 그 너비와 길이와 높이와 깊이가 어떠함을 깨달아 하나님의 모든 충만하신 것으로 너희에게 충만하게 하시기를 구하노라."

257 8월 2일 (사 40:15; 시 139:17-18)

하나님의 광대하심

연일 폭염이 계속된다. 그렇지만 이열치열로 말씀을 듣고 날마다 산에 오르고 열심히 걷는다. 온통 땀이 범벅이지만 새 언약으로 마음에 기록하신 하나님의 말씀이 있기에 기쁨으로 충만하다. 그야말로 하나님과의 교제 속에서 사는 삶이 얼마나 기쁜지 말로 다 표현할 수가 없다. 제발 광야 훈련에 합격하여, 비록 나이가 들었고 볼품은 없지만, 새롭고 광대하게 사용하실 주님께서 경이롭게 펼치실 사역에 소망을 담아 감사 또 감사를 드린다.

"보라 그에게는 열방이 통의 한 방울 물과 같고 저울의 작은 티끌 같으며 섬들은 떠오르는 먼지 같으리니 하나님이여 주의 생각이 내게 어찌 그리 보배로우신지요 그 수가 어찌 그리 많은지요 내가 세려고 할지라도 그 수가 모래보다 많도소이다 내가 깰 때에도 여전히 주와 함께 있나이다."

258 8월 3일 (계 7:9-10)

보좌에 앉아 구원하시는 분

"이 일 후에 내가 보니 각 나라와 족속과 백성과 방언에서 아무도 능히 셀 수 없는 큰 무리가 나와 흰옷을 입고 손에 종려 가지를 들고 보좌 앞과 어린 양 앞에 서서 큰 소리로 외쳐 이르되 구원하심이 보좌에 앉으신 우리 하나님과 어린 양에게 있도다 하니."

259 8월 4일 (신 30:11, 14)

명령의 정도

하나님께서 우리에게 주신 명령은 정말 가까워서 우리의 입에 있고 마음에 있기에, 그동안 멤버들과 함께 배우며 여러 가지 암송하던 말씀들을 신나는 동요로 바꿔 부르는 '말씀 찬양 메들리'는 정말 놀라운 능력이 있었다. 특별순서로 부르는 내내 어찌나 심장이 쿵쿵 뛰고 뜨거운지 성령님이 가슴 속에서 박자를 맞춰 주시는 것만 같았다. 더운 여름이지만 가슴이 불타는 그 뜨거움은 아주 기분을 설레게 만든다. 선교 졸업식으로 드리는 주일 밤 예배 때, 드디어 선택 강좌 식구들이 함께 나와서 발표를 했다. 부족함을 채워 주시라고 얼마나 기도했는지, 그동안 연습해 왔던 것보다 훨씬 더 잘 불렀던 것 같다. 부르면서 앞에서 보니 감동으로 큰아들은 눈이 빨개졌고, 멘토이셨던 사모님께서도 흐뭇해서 입이 함박만 해지셨다. 26곡의 말씀으로 이뤄졌는데도 시간을 재보았더니 지루하지 않도록 빠른 템포로 해서인지 딱 12분밖에 안 걸렸다. 끝나고 여러분이 꼭 천사들의 합창 같은 착각이 들었다고 찬사를 해주었다.

"내가 오늘 네게 명령한 이 명령은 네게 어려운 것도 아니요 먼 것도 아니라 오직 그 말씀이 네게 매우 가까워서 네 입에 있으며 네 마음에 있은즉 네가 이를 행할 수 있느니라."

260 8월 5일 (계 10:9~10; 잠 13:13; 약 1:22)

말씀을 행하는 자

"내가 천사에게 나아가 작은 두루마리를 달라 한즉 천사가 이르되 갖다 먹어버리라 네 배에는 쓰나 네 입에는 꿀같이 달리라 하거늘 내가 천사의 손에서 작은 두루마리를 갖다 먹어버리니 내 입에는 꿀같이 다나 먹은 후에 내 배에서는 쓰게 되더라 말씀을 멸시하는 자는 자기에게 패망을 이루고 계명을 두려워하는 자는 상을 받느니라 너희는 말씀을 행하는 자가 되고 듣기만 하여 자신을 속이는 자가 되지 말라."

261 8월 6일 (행 2:2-4, 4:31)

성령 충만

그렇게 교회를 오래 다녀도 방언을 못해서 늘 속으로 부끄러워하다 6-7년 전 어느 날 갑자기 부르짖어 기도하다 방언을 받게 되었다. 처음엔 너무 신기해 날마다 방언으로 몇 시간이고 기도를 해도 지칠 줄 몰랐다. 그런데 세월이 흐른 지금은 사모하는 마음도 없이 방언을 찾는 내 자신을 보고 그 교만함에 깊은 회개를 한다.

"홀연히 하늘로부터 급하고 강한 바람 같은 소리가 있어 그들이 앉은 온 집에 가득하며 마치 불의 혀처럼 갈라지는 것들이 그들에게 보여 각 사람 위에 하나씩 임하여 있더니 그들이 다 성령의 충만함을 받고 성령이 말하게 하심을 따라 다른 언어들로 말하기를 시작하니라 빌기를 다하매 모인 곳이 진동하더니 무리가 다 성령이 충만하여 담대히 하나님의 말씀을 전하니라."

262 8월 7일 (히 10:19-20)

예수의 피

"그러므로 형제들아 우리가 예수의 피를 힘입어 성소에 들어갈 담력을 얻었나니 그 길은 우리를 위하여 휘장 가운데로 열어 놓으신 새로운 살 길이요 휘장은 곧 그의 육체니라."

263 8월 8일 (고전 10:7–11)

민수기 기록 목적

성경 통독을 하다 이 구절을 읽었는데, 어떻게 이렇게 민수기의 기록 목적이 정확히 나와 있는지 정말 놀라웠다. 좀 길긴 하지만 암송하고 났더니 구약에서 사랑하는 백성들에게 그렇게도 벌을 내리시던 이유가, 그것을 기록하여 우리에게 본보기가 되어 깨우치게 하기 위한 하나님의 마음이라는 것을 확실히 알게 되었다.

"그들 가운데 어떤 사람들과 같이 너희는 우상숭배하는 자가 되지 말라 기록된 바 백성이 앉아서 먹고 마시며 일어나서 뛰논다 함과 같으니라 그들 중의 어떤 사람들이 음행하다가 하루에 이만 삼천 명이 죽었나니 우리는 그들과 같이 음행하지 말자 그들 가운데 어떤 사람들이 주를 시험하다가 뱀에게 멸망하였나니 우리는 그들과 같이 시험하지 말자 그들 가운데 어떤 사람들이 원망하다가 멸망시키는 자에게 멸망하였나니 너희는 그들과 같이 원망하지 말자 그들에게 일어난 이런 일은 본보기가 되고 또한 말세를 만난 우리를 깨우치기 위하여 기록되었느니라."

264 8월 9일 (행 2:38)

성령의 선물

성령께서는 우리에게 여러 가지로 선물을 주신다. 솔직히 말하기 좀 쑥스러운데, 지금쯤 내 나이 또래들은 각종 질병으로 인해 노후를 대비하는 경우가 많다. 그런데 난 날마다 성령의 선물로 암송을 해서인지 지금이 내 인생에서 가장 뇌 회전이 빠른 것 같다. 중학교 때 배우던 영어 참고서 몇 쪽의 내용이 무엇인지까지도 그림 그려지며 떠오른다. 하지만 세상과 경제문제엔 좀 관심도 없어지고 느려서 남편에게 핀잔을 받기도 하는데, 영적인 영역에선 무엇을 어느 정도 보고 듣기만 하여도 토씨 하나까지도 쉽게 외워진다.

"베드로가 이르되 너희가 회개하여 각각 예수 그리스도의 이름으로 세례를 받고 죄 사함을 받으라 그리하면 성령의 선물을 받으리니."

265 8월 10일 (행 4:10)

예수 그리스도의 이름

큰아이 중학교 1학년 때 만들어졌던 엄마들 모임이 있는데, 한 달에 한 번 만나 지금까지 점심을 먹어 왔다. 나를 포함해 일곱 명 중에서 2명만이 교회를 다니며 나머지 5명이 다 내 기도제목이다. 아무리 말씀을 전하고 기도해도 바윗돌처럼 요동을 하지 않는 모습에 실망스럽긴 하지만, 그 긴 세월 동안 뿌린 씨앗이 있으니 성령께서 자라게 하시리라 믿고 위로를 가져 본다. 그런데 그들 모두가 건강 관리에는 지대한 관심을 가지고 있어서 온갖 좋은 음식과 약과 운동에는 혈안이 되어 있다. 예수 그리스도의 이름과 보혈이 건강의 핵심임을 아무리 말해도 들으려 하지 않아 마음이 너무 아프다.

> "너희와 모든 이스라엘 백성들은 알라 너희가 십자가에 못 박고 하나님이 죽은 자 가운데서 살리신 나사렛 예수 그리스도의 이름으로 이 사람이 건강하게 되어 너희 앞에 섰느니라."

266 8월 11일 (행 6:5–6)

일곱 집사 세움

스데반과 빌립은 참으로 나의 이상형이다. 사도행전 7장을 읽어 보면 하나님의 구속사적인 주권적 섭리를 어찌나 잘 압축해서 설명했는지 그저 놀라울 따름이다. 순교 장면도 그렇다. 그것이 정말 가능할 수 있을까? 내게도 가능할 날이 속히 왔으면 좋겠다.

> "온 무리가 이 말을 기뻐하여 믿음과 성령이 충만한 사람 스데반과 또 빌립과 브로고로와 니가노르와 디몬과 바메나와 유대교에 입교했던 안디

옥 사람 니골라를 택하여 사도들 앞에 세우니 사도들이 기도하고 그들에게 안수하니라."

267 8월 12일 (행 14:8-10)

믿음의 이적

"루스드라에 발을 쓰지 못하는 한 사람이 앉아 있는데 나면서 걷지 못하게 되어 걸어 본 적이 없는 자라 바울이 말하는 것을 듣거늘 바울이 주목하여 구원받을 만한 믿음이 그에게 있는 것을 보고 큰 소리로 이르되 네 발로 바로 일어서라 하니 그 사람이 일어나 걷는지라."

268 8월 13일 (왕상 12:14; 행 12:13)

하나님의 주권

"어린 사람들의 자문을 따라 그들에게 말하여 이르되 내 아버지는 너희의 멍에를 무겁게 하였으나 나는 너희의 멍에를 더욱 무겁게 할지라 내 아버지는 채찍으로 너희를 징계하였으나 나는 전갈 채찍으로 너희를 정치하리라 하니라 헤롯이 영광을 하나님께로 돌리지 아니하므로 주의 사자가 곧 치니 벌레에게 먹혀 죽으니라."

269 8월 14일 (고후 12:7)

자만하지 않게 하심

"여러 계시를 받은 것이 지극히 크므로 너무 자만하지 않게 하시려고 내 육체에 가시 곧 사탄의 사자를 주셨으니 이는 나를 쳐서 너무 자만하지 않게 하려 하심이라."

270 8월 15일 (시 68:17, 144:13, 74:12, 16–17)

천천만만

"하나님의 병거는 천천이요 만만이라 주께서 그중에 계심이 시내 산 성소에 계심 같도다 우리의 곳간에는 백곡이 가득하며 우리의 양은 들에서 천천과 만만으로 번성하며 하나님은 예로부터 나의 왕이시라 사람에게 구원을 베푸셨나이다 낮도 주의 것이요 밤도 주의 것이라 주께서 빛과 해를 마련하셨으며 주께서 땅의 경계를 정하시며 주께서 여름과 겨울을 만드셨나이다."

271 8월 16일 (고전 10:23; 고후 13:5)

자신을 시험하고 확증하라

믿음은 앉은뱅이도 일어서서 뛰게 한다. 이론은 알지만 막상 현실에 부딪히면 우리는 비겁하게 뒤로 물러간다. 그러면서도 '어느 정도의 믿음은 내게도 있어!' 하면서 위안을 한다. 과연 내가 믿음 안에 있는지 자신을 시험하고 확증하는 하루가 되기를 소망해 본다.

"모든 것이 가하나 모든 것이 유익한 것은 아니요 모든 것이 가하나 모든 것이 덕을 세우는 것은 아니니 너희는 믿음 안에 있는가 너희 자신을 시험하고 너희 자신을 확증하라 예수 그리스도께서 너희 안에 계신 줄을 너희가 스스로 알지 못하느냐 그렇지 않으면 너희는 버림 받은 자니라."

272 8월 17일 (에 9:22)

부림절의 평안

'땅지'(地)를 살펴보면 '흙 토'+'잇기 야'로 구성되어 있는데, '흙 토'는 십자가를 세우는 곳, '잇기 야'는 뱀이 똬리를 틀고 앉아 있는 모습을 본뜬 그야말로 사탄의 영역을 상징한다. 그래서 사탄의 왕국과 십자가를 세우는 곳이 공존하는 이곳에서 평생 영적 전쟁을 하며, 부르시는 그날까지 말씀과 기도로 승리해야 함을 잊지 말아야 할 것이다.

"이 달 이날에 유다인들이 대적에게서 벗어나서 평안함을 얻어 슬픔이 변하여 기쁨이 되고 애통이 변하여 길한 날이 되었으니 이 두 날을 지켜 잔치를 베풀고 즐기며 서로 예물을 주며 가난한 자를 구제하라 하매."

273 8월 18일 (고전 1:22, 24)

부르심을 받은 자들

그전엔 성경에서 유대인이나 헬라인이 나오면 어디 먼 나라 사람들의 얘기라는 생각을 했었는데, 이 시대 바로 오늘의 나를 가리킨다는 것을 안 이후로 더욱 각성하게 된다. 우리가 선망하는 표적이나 지혜나 능력이 오직 그리스도에게서만 나오는 것임을 잊지 않으려 힘을 다해 본다.

"유대인은 표적을 구하고 헬라인은 지혜를 찾으나 오직 부르심을 받은 자들에게는 유대인이나 헬라인이나 그리스도는 하나님의 능력이요 하나님의 지혜니라."

274 8월 19일 (행 26:14-18, 주의 말씀만 발췌)

주께 발길질하던 우리들

팔레스타인의 농부들은 손에 긴 막대기를 들고 다니는데, 그 한쪽 끝에는 날카로운 금속으로 된 송곳이나 바늘이 달려 있고, 다른 쪽에는 보습이라는 청소할 때 쓰는 납작한 쇳조각이 달려 있다고 한다. 젊은 수소는 일을 하기 싫으면 걷어차는 버릇이 있고, 특별히 아직 길이 들지 않은 수소는 더욱 그렇다고 한다. 수소가 발길질을 하면 농부가 막대기 끝으로 찔러서 다시는 그런 짓을 못하게 만드는 것처럼, 바울이 하나님의 계획에 발길질을 하다가 자신의 잘못을 다메섹 도상에서 깨닫게 되었던 것처럼, 나도 그동안 얼마나 하나님의 일을 알아차리지 못하고 발길질할 때가 많았는지 온 마음으로 회개하며 주께로 나아가는 하루가 되었으면 싶다.

"사울아 사울아 네가 어찌하여 나를 박해하느냐 가시채를 뒷발질하기가 네게 고생이니라 나는 네가 박해하는 예수라 일어나 너의 발로 서라 내가 네게 나타난 것은 곧 네가 나를 본 일과 장차 내가 네게 나타날 일에 너로 종과 증인을 삼으려 함이니 이스라엘과 이방인들에게서 내가 너를 구원하여 그들에게 보내어 그 눈을 뜨게 하여 어둠에서 빛으로, 사탄의 권세에서 하나님께로 돌아오게 하고 죄 사함과 나를 믿어 거룩하게 된 무리 가운데서 기업을 얻게 하리라."

275 8월 20일 (욥 1:1, 8)

악에서 떠난 자

이순신과 세종대왕이 우리나라를 대표하는 조상인 것처럼 욥은 창세기의 아브라함, 이삭, 야곱, 요셉처럼 족장시대를 살았던 구약의 3대 의인 중 하나인 역사 인물이다. 욥과 같이 온전하고 정직하여 하나님을 경외하며, 악에서 떠난 자의 삶을 살고 싶다.

> "우스 땅에 욥이라 불리는 사람이 있었는데 그 사람은 온전하고 정직하여 하나님을 경외하며 악에서 떠난 자더라 여호와께서 사탄에게 이르시되 네가 내 종 욥을 주의하여 보았느냐 그와 같이 온전하고 정직하여 하나님을 경외하며 악에서 떠난 자는 세상에 없느니라."

276 8월 21일 (욥 1:21-22)

원망하지 아니함

구약을 읽다 보면 수도 없이 불평과 죽음에 관한 광야 이야기로 가득 차 있다. 이것을 교훈 삼아 우리도 날마다 불평을 멀리하고 감사하는 생활로 돌이켜야 할 것이다.

"이르되 내가 모태에서 알몸으로 나왔사온즉 또한 알몸이 그리로 돌아가올지라 주신 이도 여호와시요 거두신 이도 여호와시오니 여호와의 이름이 찬송을 받으실지니이다 하고 이 모든 일에 욥이 범죄하지 아니하고 하나님을 향하여 원망하지 아니하니라."

277 8월 22일 (욥 2:10)

입술로 범죄치 않음

"그가 이르되 그대의 말이 한 어리석은 여자의 말 같도다 우리가 하나님께 복을 받았은즉 화도 받지 아니하겠느냐 하고 이 모든 일에 욥이 입술로 범죄하지 아니하니라."

278 8월 23일 (잠 24:13-14)

꿀 같은 지혜

신기하게도 이날이 되면 그 기승을 부리던 더위가 한풀 꺾이고 일교차가 크게 된다. 아무리 과학이 발달한들 하나님께서 우리에게 허락하신 자연의 섭리를 인간들이 막을 방법이 없다. 이제 기도하며 암송하기 좋은 계절이 왔다. 나의 소망과 장래가 주께 있음을 고백해 본다.

"내 아들아 꿀을 먹으라 이것이 좋으니라 송이 꿀을 먹으라 이것이 네 입에 다니라 지혜가 네 영혼에게 이와 같은 줄을 알라 이것을 얻으면 정녕히 네 장래가 있겠고 네 소망이 끊어지지 아니하리라."

279 8월 24일 (계 4:1)

주의 음성

할 때마다 느끼는 것이지만, 계시록 말씀을 암송하면 마치 방망이질 치는 것처럼 가슴이 쿵쾅거리며 성령의 역사가 뜨겁고 흥분이 된다. 오늘도 하나님께서 펼치실 한 생명을 살리는 귀한 사역에 많은 기대를 걸며 소망을 가지고 열심히 훈련에 임해 본다.

"이 일 후에 내가 보니 하늘에 열린 문이 있는데 내가 들은 바 처음에 내게 말하던 나팔 소리 같은 그 음성이 이르되 이리로 올라오라 이후에 마땅히 일어날 일들을 내가 네게 보이리라 하시더라."

280 8월 25일 (히 2:18)

능히 도우심

귀하신 하나님께서 다만 인간을 구원하기 위하여 이 땅 위에 말씀으로 성육신하여 오셨다가, 십자가 고난을 받으심으로 사탄의 권세를 이기시고 부활의 영광을 맞이하셨다.

그 귀하신 보혈의 능력으로 날마다 능히 도우심을 감사하나이다.

"그가 시험을 받아 고난을 당하셨은즉 시험 받는 자들을 능히 도우실 수 있느니라."

281 8월 26일 (눅 2:40, 52)

예수님의 어린 시절

"아기가 자라며 강하여지고 지혜가 충만하며 하나님의 은혜가 그의 위에 있더라 예수는 지혜와 키가 자라 가며 하나님과 사람에게 더욱 사랑스러워 가시더라."

282 8월 27일 (딤후 2:23-24, 12)

주의 종

오늘은 그동안 무수히 듣고 기록하였던 성경 강의들을 깊은 감동으로 다시 복습하게 되었는데, 어찌나 분량이 많은지 여간 힘들지 않았다. 하지만 기쁨으로 밤도 잊고 새벽도 잊고 식사도 잊은 채 정신 없이 몰두하였다. 가슴 속의 뜨거운 성령님의 동행하심 그리고 강권하심과 함께 100퍼센트 온전한 순종으로 묵묵히 나아간다. 오늘 하루도 앞으로의 알 수 없는 크고 귀하게 예비된 사역에 준비의 씨앗이 될 것이다.

"어리석고 무식한 변론을 버리라 이에서 다툼이 나는 줄 앎이라 주의 종은 마땅히 다투지 아니하고 모든 사람에 대하여 온유하며 가르치기를 잘하며 참으며 참으면 또한 함께 왕 노릇 할 것이요 우리가 주를 부인하면 주도 우리를 부인하실 것이라."

283 8월 28일 (고전 2:10, 13)

성령

성령께서 하시는 일은 그 당시엔 잘 모르다가 시간이 지나서 뒤돌아

보았을 때 확실히 깨달을 수 있다.

오늘도 내 생각을 내려놓고 말씀 가운데 순종하는 삶을 살게 하소서.

"오직 하나님이 성령으로 이것을 우리에게 보이셨으니 성령은 모든 것 곧 하나님의 깊은 것까지도 통달하시느니라 우리가 이것을 말하거니와 사람의 지혜가 가르친 말로 아니하고 오직 성령께서 가르치신 것으로 하니 영적인 일은 영적인 것으로 분별하느니라."

284 8월 29일 (마 7:9-11)

좋은 것으로 주심

"너희 중에 누가 아들이 떡을 달라 하는데 돌을 주며 생선을 달라 하는데 뱀을 줄 사람이 있겠느냐 너희가 악한 자라도 좋은 것으로 자식에게 줄 줄 알거든 하물며 하늘에 계신 너희 아버지께서 구하는 자에게 좋은 것으로 주시지 않겠느냐."

285 8월 30일 (시 25:5, 73:24; 사 33:6)

주의 진리로 가르치심

"주의 진리로 나를 지도하시고 교훈하소서 주는 내 구원의 하나님이시니 내가 종일 주를 기다리나이다 주의 교훈으로 나를 인도하시고 후에는 영광으로 나를 영접하시리니 네 시대에 평안함이 있으며 구원과 지혜와 지식이 풍성할 것이니 여호와를 경외함이 네 보배니라."

286 8월 31일 (눅 8:15)

좋은 땅

과거의 내 삶에선 '참음 = 스트레스'라는 공식이 세워질 정도로 참고 있을 땐 과도한 스트레스가 쌓였다. 하지만 지금은 인내가 소망을 준다. 하나님께서 살아 역사하시니 불공평한 일이 없으며, 불의한 일로 인해 손해를 보아도 걱정할 것이 없다. 왜냐하면 공의로우신 하나님께서 판단하실 테니까!

"좋은 땅에 있다는 것은 착하고 좋은 마음으로 말씀을 듣고 지키어 인내로 결실하는 자니라."

287 9월 1일 (눅 9:62)

합당치 않은 자

태풍이 왔다 간 후로 과수재배 농가와 해안가 어부들의 삶이 내게 몹시 안타깝고 애틋한 마음으로 다가왔다. 그전엔 내 일이 아니면 전혀 신경이 쓰이지 않았는데, 지금은 조금씩 다른 사람이 보인다. 눈을 여시는 하나님의 섭리가 놀라울 따름이다. 요즘 하나님께서 선물로 주신 'Story Castle' 수업을 초등부만 하다가 중등부도 개강을 하였다. 얼마나 재미있고 효과가 있는지 너무너무 신이 난다. 사실 언젠가부터 교육과 운영 프로그램, 아니 원생들조차도 성령님께서 쥐락펴락하시기에 성적 향상은 기본이고, 비뚤어진 아이들도 전혀 없다. 이 터질 것 같은 기쁨을 누구하고도 나눌 수가 없어서 좀 답답하긴 하지만……. 그런데 오늘도 감사한 마음으로 수업을 하다가 자료 조사할 것이 있어서 《보물의 향연》 책을 폈는데, 하나님께서 심부름꾼으로 내게 펼치신 간증 첫날이 '2011년 6월 4일'이었던 것이다. 쓰고도 잊었었는데 너무 깜짝 놀랐다. 왜냐하면 '2012년 6월 4일'은 하나님께서 선물로 주신 신비의 'Story Castle' 수업을 처음으로 개강한 날이었기 때문이다.

"예수께서 이르시되 손에 쟁기를 잡고 뒤를 돌아보는 자는 하나님의 나라에 합당하지 아니하니라 하시니라."

288 9월 2일 (왕하 20:2-3, 5)

목숨을 연장한 기도

히스기야를 보면서 경각심이 든다. 그렇게 기도하고 매달려 얻은 시간 동안에 낳은 므낫세의 사악함 때문이다. 자녀 교육은 참으로 힘들고 마음대로 되지 않는다. 오직 기도함으로 그 대접을 묵묵히 채울 뿐이다.

"히스기야가 낯을 벽으로 향하고 여호와께 기도하여 이르되 여호와여 구하오니 내가 진실과 전심으로 주 앞에 행하며 주께서 보시기에 선하게 행한 것을 기억하옵소서 하고 히스기야가 심히 통곡하더라 너는 돌아가서 내 백성의 주권자 히스기야에게 이르기를 왕의 조상 다윗의 하나님 여호와의 말씀이 내가 네 기도를 들었고 네 눈물을 보았노라 내가 너를 낫게 하리니 네가 삼 일 만에 여호와의 성전에 올라가겠고."

289 9월 3일 (눅 17:20-21)

하나님의 나라

저번 주부터 기도할 때마다 하나님께서 계속 뭔가를 강권하시는데, 오늘은 나도 모르게 그것에 이끌리고 있었다. 세상과 교회의 매개체로 우리 학원에서 무료로 한 달에 한 번씩 암송학교를 여는 것이었다. 몇 분과 상의를 했는데 돈이 안 되는 것이라며 반응이 신통치 않았다. '내가 너무 세상과 동떨어져 있어서 문제가 있는 것일까?'라는 생각도 잠시 들었지만, 금방 접고 기도하며 성령님의 도우심으로 계획을 세웠다. 그리고 초대장을 만들고 초대의 글도 써서 맨 먼저 사모님께 기도를 부탁드렸다.

"하나님의 나라는 볼 수 있게 임하는 것이 아니요 또 여기 있다 저기 있다고도 못하리니 하나님의 나라는 너희 안에 있느니라."

290 9월 4일 (눅 21:17-19)

인내로 영혼을 얻음

암송학교로 인해 아침 일찍부터 준비를 하고 교회들을 돌았다. 본 교회에는 게시판에 붙이고 교육담당 목사님께는 홍보를 부탁드렸다. 가까운 교회도 발이 부르트도록 찾아뵈었다. 안 믿는 아이들에게도 권했다.

"또 너희가 내 이름으로 말미암아 모든 사람에게 미움을 받을 것이나 너희 머리털 하나도 상하지 아니하리라 너희의 인내로 너희 영혼을 얻으리라."

291 9월 5일 (눅 22:31-32)

네 형제를 굳게 하라

동네 교회마다 돌다 보니 반응이 너무 달랐다. 어떤 교회에서는 목사님께서 다른 일정이 있으신데도 불구하고 직접 나오셔서 기도를 해주시며 어찌나 강력히 격려하시던지 그 감동으로 눈물이 비 오듯 쏟아졌다. 또 어떤 교회에선 아무리 설명을 해도 들으려 하지 않고 오히려 이단으로 바라보기도 했다.

> "시몬아, 시몬아, 보라 사탄이 너희를 밀 까부르듯 하려고 요구하였으나 그러나 내가 너를 위하여 네 믿음이 떨어지지 않기를 기도하였노니 너는 돌이킨 후에 네 형제를 굳게 하라."

292 9월 6일 (전 9:3)

인생의 마음

드디어 내일 개강이다. 세상의 눈으로 보면 아무것도 아닌데 난 너무 설레고 떨린다. 아무리 생각해도 세상 일에는 이렇게 열심히 해본 적이 없는 것 같은데 참으로 신기하기도 하다. 오늘은 침착하게 기도하며 아는 분들에게 전화를 돌렸다.

> "모든 사람의 결국은 일반이라 이것은 해 아래에서 행해지는 모든 일 중의 악한 것이니 곧 인생의 마음에는 악이 가득하여 그들의 평생에 미친 마음을 품고 있다가 후에는 죽은 자들에게로 돌아가는 것이라."

293 9월 7일 (요 16:24)

구하라

'탈무드 암송학교'라는 타이틀을 걸고 첫 열매를 올려드리는 날이다. 성경 암송과 어휘 단련을 재미있게 노래로 암송하며 발표하는 수업인데, 첫 시간은 부모님들과 함께 게임하는 방식으로 수업을 즐겼다. 앞으로도 이곳을 떠나지 않는 한 매달 첫 토요일 3시 30분부터 4시 30분까지, 그 60분은 하나님께 드려질 것이다. 어제 밤늦도록 대청소를 했지만 아침에 한 번 더 청소를 하고 간식도 준비했다. 방송에선 돌풍을 동반한 태풍이 있을 거라고 예고했지만 오전에 조금 비가 오더니 이내 날씨도 맑아졌다. 시간이 되자 사람들이 오기 시작하였는데, 예상치 않았던 분들과 아이들이 참석하게 되었다. 몇 차례 하나님의 일들을 하면서 느끼는 점이지만 내 생각과 계획은 여지없이 무너진다. 그래서 무릎 꿇어 기도하지 않고서는 세상의 일들을 감당할 수가 없다. 수업을 끝내고 마침 손녀를 데리고 멀리서 오셨던 목사님께서 기도로 마무리해 주셨다. 몸은 정말 피곤하였지만 마음은 천국에 미리 가 있었다.

"지금까지는 너희가 내 이름으로 아무것도 구하지 아니하였으나 구하라 그리하면 받으리니 너희 기쁨이 충만하리라."

294 9월 8일 (수 4:9, 20)

열두 돌

아무 일도 없었던 듯 오늘도 묵묵히 말씀을 정리해서 암송을 위해 산으로 향했다. 모세가 시내 산에서 하나님을 만나듯, 모자를 푹 눌러 쓰고 마스크를 하고 산길을 걷노라면 온전히 성령님과 하나가 되어 눈물, 콧물 다 쏟으며 아버지께 사랑을 고백하게 된다.

"여호수아가 또 요단 가운데 곧 언약궤를 멘 제사장들의 발이 선 곳에 돌 열둘을 세웠더니 오늘까지 거기에 있더라 여호수아가 요단에서 가져온 그 열두 돌을 길갈에 세우고."

295 9월 9일 (신 30:6; 렘 4:4; 신 10:16)

마음에 할례를 행하라

출판할 때 하나님께서 들려주셨던 음성이 지금도 귓가에 선하다. "처음 작품은 세상적으로 보는 관점에서 돈이 되지도 않고 내용도 좀 어려워 대중적이지 않다. 하지만 꼭 필요한 과정이고, 두 번째 작품은 많이 흥행할 것이다"라며 약속의 말씀을 주셨었다. 그래서 기획출판으로 하겠다는 출판사가 있었어도 선교한다고 생각하고 자비출판을 고집했고, 또 출판사에 넘기자마자 후속타인 이 '암송 열차'를 곧바로 이어서 쓰게 되었다. 또 1년 동안 다 쓰고 나서도 1년을 그대로 날짜별로 내가 똑같이 실험단계로 시행해 보고 수정하며, 또 많이 기도하고 성령님이 감동 주실 때 출판하려 하기에 연도도 요일도 삭제했다.

"네 하나님 여호와께서 네 마음과 네 자손의 마음에 할례를 베푸사 너로 마음을 다하며 뜻을 다하여 네 하나님 여호와를 사랑하게 하사 너로 생명을 얻게 하실 것이며 유다인과 예루살렘 주민들아 너희는 스스로 할례를 행하여 너희 마음 가죽을 베고 나 여호와께 속하라 그리하지 아니하면 너희 악행으로 말미암아 나의 분노가 불같이 일어나 사르리니 그것을 끌 자가 없으리라 그러므로 너희는 마음에 할례를 행하고 다시는 목을 곧게 하지 말라."

296 9월 10일 (행 5:41; 벧전 4:13)

주의 고난에 참여하라

세상 속에 있다 보면 너무 치러야 할 전쟁이 많아 사방을 둘러보아도 막혀 있는 것같이 답답하지만, 말씀으로 힘과 용기를 얻으며 위로 뚫린 하늘을 보며 평안의 숨을 깊이 내쉰다.

> "사도들은 그 이름을 위하여 능욕 받는 일에 합당한 자로 여기심을 기뻐하면서 공회 앞을 떠나니라 오히려 너희가 그리스도의 고난에 참여하는 것으로 즐거워하라 이는 그의 영광을 나타내실 때에 너희로 즐거워하고 기뻐하게 하려 함이라."

297 9월 11일 (민 7:89)

여호와의 목소리

CGN TV 명사특강에 초대되어 나온 이지웅 간사님께서 어찌나 감칠맛 나게 말씀을 전하시는지 완전 매료되었다. 어쩜 저렇게도 짧은 시간 동안에 많은 분량을 재미있고 정확하게 전달하실 수 있을까? 감탄이 절로 나온다.

"모세가 회막에 들어가서 여호와께 말하려 할 때에 증거궤 위 속죄소 위의 두 그룹 사이에서 자기에게 말씀하시는 목소리를 들었으니 여호와께서 그에게 말씀하심이었더라."

298 9월 12일 (히 4:16)

은혜의 보좌

"그러므로 우리는 긍휼하심을 받고 때를 따라 돕는 은혜를 얻기 위하여 은혜의 보좌 앞에 담대히 나아갈 것이니라."

299 9월 13일 (막 9:42)

실족하게 하지 말라

형하고 17년 차이가 나서 온통 사랑을 독차지하는 막내에게 처음으로 암송을 시작하던 6년 전부터 늘 잠자리에서 자장가 대신 암송을 들려주었었다. 그래서 그런지 초등학교 4학년부터 1년에 한 번씩 시집을 냈는데, 말씀에 바탕을 둔 내용들도 여러 편 엿볼 수 있었다. 그 덕분인지 자꾸 부모 욕심이 올라와 본의 아니게 진학에 대한 압박으로 잔소리도 하게 되지만 이내 내려놓고 회개하며 오직 말씀으로 기도해 본다.

"또 누구든지 나를 믿는 이 작은 자들 중 하나라도 실족하게 하면 차라리 연자 맷돌이 그 목에 매여 바다에 던져지는 것이 나으니라."

300 9월 14일 (눅 6:49)

듣고 행하라

"듣고 행하지 아니하는 자는 주추 없이 흙 위에 집 지은 사람과 같으니 탁류가 부딪치매 집이 곧 무너져 파괴됨이 심하니라 하시니라."

301 9월 15일 (눅 21:34)

스스로 조심하라

지금 교회에선 제자훈련 및 선택 강좌 신청 기간이다. 여러 강좌가 있는데, 모두 우리 교회에서 꽤나 이름 있고 덕망 있는 목사님들 강의다. 나는 평신도이고 이름도 없고 또 교재도 알려지지 않았다. 설령 알았어도 '암송 훈련과 한자의 뜻을 통한 성경 통독'이기에 어려워 쉽게 신청하지 않을 것 같아 마음이 좀 무겁다. 하지만 내가 하는 것이 아니고 하나님 손에 맡긴 일이라 더욱 기도할 뿐이다.

"너희는 스스로 조심하라 그렇지 않으면 방탕함과 술 취함과 생활의 염려로 마음이 둔하여지고 뜻밖에 그날이 덫과 같이 너희에게 임하리라."

302 9월 16일 (요일 1:1)

생명의 말씀

"태초부터 있는 생명의 말씀에 관하여는 우리가 들은 바요 눈으로 본 바요 자세히 보고 우리의 손으로 만진 바라."

303 9월 17일 (갈 3:13-14)

우리를 속량하신 그리스도

"그리스도께서 우리를 위하여 저주를 받은 바 되사 율법의 저주에서 우리를 속량하셨으니 기록된 바 나무에 달린 자마다 저주 아래에 있는 자라 하였음이라 이는 그리스도 예수 안에서 아브라함의 복이 이방인에게 미치게 하고 또 우리로 하여금 믿음으로 말미암아 성령의 약속을 받게 하려 함이라."

304 9월 18일 (고전 7:20-24)

부르심 그대로 지내라

현대인들의 일상은 매일 아침 눈을 뜨면서부터 삶의 노예가 되어 바쁘게 쫓기듯이 굴러간다. 하지만 우리는 이미 값으로 치러진, 사람들의 종이 아닌 주께 속한 자유인임을 늘 상기해야 될 것이다.

"각 사람은 부르심을 받은 그 부르심 그대로 지내라 네가 종으로 있을 때에 부르심을 받았느냐 염려하지 말라 그러나 네가 자유롭게 될 수 있거든 그것을 이용하라 주 안에서 부르심을 받은 자는 종이라도 주께 속한 자유인이요 또 그와 같이 자유인으로 있을 때에 부르심을 받은 자는 그리스도의 종이니라 너희는 값으로 사신 것이니 사람들의 종이 되지 말라 형제들아 너희는 각각 부르심을 받은 그대로 하나님과 함께 거하라."

305 9월 19일 (눅 19:9-10)

찾아 구원하심

무엇 때문인지는 모르지만 창세기부터 요한계시록까지 쉴 새 없이 고시생처럼 파고들다 지금 막 복습을 마쳐서 실로 오랜만에 한가롭다.

하지만 30여 분이 지났을까? 내용이 구체적으로 내 것이 되질 않았다는 아쉬움이 밀려들어, 놓았던 성경을 다시 붙잡고 책상에 앉았다. 내 생각과 교만은 제발 집어던지고 오직 성령님께 도우심을 구해야 될 텐데…….

"예수께서 이르시되 오늘 구원이 이 집에 이르렀으니 이 사람도 아브라함의 자손임이로다 인자가 온 것은 잃어버린 자를 찾아 구원하려 함이니라."

306 9월 20일 (엡 4:22-24)

새사람을 입으라

'Story Castle' 인쇄물을 준비하기 위해 주말엔 혼신의 힘을 다한다. 창세기부터 시작했는데 벌써 민수기 17장이다. 요즘은 이스라엘 백성들이 불평하고 범죄하면 계속 벌하여 죽이시는 내용을 접하다 보니 조심스럽다. 사랑의 하나님으로만 알아오다 구체적인 하나님의 심정을 적나라하게 알게 되는 것인데, 특히 안 믿는 아이들도 있으니 왜곡되지 않도록 기도하며 잘 이끌어가야겠다. 틀림없이 이 아이들 중에서 차세대를 이끌 세계적인 목회자가 나올 것이다.

"너희는 유혹의 욕심을 따라 썩어져 가는 구습을 따르는 옛사람을 벗어

버리고 오직 너희의 심령이 새롭게 되어 하나님을 따라 의와 진리의 거룩함으로 지으심을 받은 새사람을 입으라."

307 9월 21일 (삼상 30:6, 8)

여호와께 묻자와

작은 것이지만 운영은 성령님께 맡기고 가르치는 일에만 신경을 쓰다 보니 경제적으로는 좀 여유롭지 못할 때가 많다. 하지만 그때그때 기도하면 필요한 것을 채워 주셨기에 걱정과 염려는 내려놓은 채 즐겁게 운영해 오고 있다. 그런데 어느 날 갑자기 영어 프랜차이즈의 교재비들이 좀 과하게 부풀려져 있다는 생각이 들어 해지했던 그 가맹지사에서 간판을 교체했으면 한다는 전갈이 왔다. 미룰 수가 없어서 곧바로 천갈이만 신청을 했는데도 꽤 견적이 나와서 72만 원 정도가 부족했다. 걱정, 근심 떨쳐 버린 채 늘 하던 대로 기도하였다. 틀림없이 내일 당장 무슨 일이 일어날 거라는 확신이 들었다.

"백성들이 자녀들 때문에 마음이 슬퍼서 다윗을 돌로 치자 하니 다윗이 크게 다급하였으나 그의 하나님 여호와를 힘입고 용기를 얻었더라 다윗이 여호와께 묻자와 이르되 내가 이 군대를 추격하면 따라잡겠나이까 하니 여호와께서 그에게 대답하시되 그를 쫓아가라 네가 반드시 따라잡고 도로 찾으리라."

308 9월 22일 (갈 1:10)

사람들에게 좋게 하랴

일하고 있는데 막내가 학교에서 농구를 하다가 손이 좀 삐었다며 병원에 가겠다고 전화를 했다. 한참 뒤에 집 부근 정형외과로 전화를 해봤더니 "골절은 골절인데 심하진 않아요. 그런데 완전히 회복되려면 2-3주는 걸리겠네요"라고 하였다. 그러자 아들이 하는 말, "엄마, 내가 요즘 컴퓨터 게임을 자주 하느라 큐티를 소홀히 했더니 하나님께서 내게 깨닫게 하시려 이렇게 되었나 봐요."

> "이제 내가 사람들에게 좋게 하랴 하나님께 좋게 하랴 사람들에게 기쁨을 구하랴 내가 지금까지 사람들의 기쁨을 구하였다면 그리스도의 종이 아니니라."

309 9월 23일 (벧전 1:3–4)

찬송하리로다

오전엔 거의 말씀 암송 준비에 몰두하느라 웬만하면 약속도 안 잡고 나가지도 않고 전화도 잘 안 하고 안 받는다. 특히, '02-'나 '032-'는 거의 보험회사에서 걸려오는 전화들이 많아서 더더욱 그렇다. 그런데 오늘은 전화에 '02-'로 찍혀 있는데도 어쩌다 실수로 받게 되었다. 여지없이 신한생명에서 걸려온 전화였다. 기분 안 상하게 바쁘다고 말하고 끊으려 하는데, "우리 아이가 병원에 간 적 없나요? 엄마는 왜 가입해 놓고 한 번도 안 받아 가세요?" 하는 것이었다. "네? 무슨 보장이 있는데요?" "골절, 화상……." 전화를 끊고 또 다른 보험회사에도 물어봐서 서류를 준비한 후 곧바로 신청을 했다.

> "우리 주 예수 그리스도의 아버지 하나님을 찬송하리로다 그의 많으신 긍휼대로 예수 그리스도를 죽은 자 가운데서 부활하게 하심으로 말미암아 우리를 거듭나게 하사 산 소망이 있게 하시며 썩지 않고 더럽지 않고 쇠하지 아니하는 유업을 잇게 하시나니 곧 너희를 위하여 하늘에 간직하신 것이라."

310 9월 24일 (대하 7:14–16; 계 2:5)

땅을 고칠지라

하루 만에 보험금이 통장으로 들어왔는데 두 군데 모두 합쳤더니 정확히 72만 원이었다. 아무에게도 말 못하고 "하나님, 자녀교육이 생명임을 깨달아 알게 하신 것 감사드려요. 그리고 잘못된 길에서 곧바로 돌아서게 못한 점 용서해 주세요"라고 기도드렸다.

"내 이름으로 일컫는 내 백성이 그들의 악한 길에서 떠나 스스로 낮추고 기도하여 내 얼굴을 찾으면 내가 하늘에서 듣고 그들의 죄를 사하고 그들의 땅을 고칠지라 이제 이곳에서 하는 기도에 내가 눈을 들고 귀를 기울이리니 이는 내가 이미 이 성전을 택하고 거룩하게 하여 내 이름을 여기에 영원히 있게 하였음이라 내 눈과 내 마음이 항상 여기에 있으리라 그러므로 어디에 떨어졌는지를 생각하고 회개하여 처음 행위를 가지라 만일 그리하지 아니하고 회개하지 아니하면 내가 네게 가서 네 촛대를 그 자리에서 옮기리라."

311 9월 25일 (막 16:20)

말씀을 확실히 증언하심

등산로 입구가 두 군데 있는데, 양쪽 입구에 하나는 절이 있고 하나는 '천신보살'이라는 곳이 있다. 날마다 예수 보혈을 뿌리며 오가며 대적 기도를 한다. 올라갈 때는 "나사렛 예수 그리스도의 이름으로 더러운 것들은 떠나갈지어다"를 몇 번이고 외치고, 또 내려오는 길에는 그 간판에 말씀을 기록한 종이를 직접 스치고 외친다. 그런데 며칠 전부터 왼손 팔목과 새끼손가락이 아무 이유 없이 뼛속 깊은 곳에서부터 마치 부러진 것처럼 통증이 왔다. 아무리 생각해도 이유는 모르겠고 갈수록 통증이 심해서 병원에 가서 사진을 찍어 보았는데 아무 이상이 없다고 했다. 오늘도 그곳에 가서 말씀이 기록된 종이를 스치는데, 딱 왼손 팔목과 새끼 손가락의 그 자리가 꺾이는 것이 느껴졌다.

돌아오자마자 믿지 않는 영혼들을 위해 계속 중보하며 악한 영들을 대적하는 기도를 했는데, 어느새 팔목의 통증이 사라졌다. 21세기 과학으로는 도저히 설명할 길이 없다.

"제자들이 나가 두루 전파할새 주께서 함께 역사하사 그 따르는 표적으로 말씀을 확실히 증언하시니라."

312 9월 26일 (딛 2:14)

자신을 주신 이유

도대체 내가 뭐기에 이렇게 몸 곳곳에 예수의 흔적을 주셔서 날마다 깨어 있게 하시는지 의아스러울 뿐이다. 팔목뿐만 아니라 내게는 예수의 흔적이 또 있다. 무릎 위 한쪽 부분이 벌겋게 부어올라 몹시 가렵다가 부르짖는 기도를 하면서 오른손을 대고 있으면 가려움과 부기가 금세 사라진다. 피부과에 가서 진찰을 받아 봐도 가려움을 임시로 제거할 아토피 연고만 줄 뿐 고개를 갸우뚱거린다.

"그가 우리를 대신하여 자신을 주심은 모든 불법에서 우리를 속량하시고 우리를 깨끗하게 하사 선한 일을 열심히 하는 자기 백성이 되게 하려 하심이라."

313 9월 27일 (마 24:42-46)

깨어 있으라

내 마음은 다음 날 새벽예배를 위한 잠잘 궁리로 늘 가득 차 있지만, 남편이 TV 보는 것을 즐기기 때문에 함께 있을 땐 언제나처럼 저녁 늦게까지 어김없이 드라마나 영화를 본다. 보면서도 크리스천 연출가들이 부족해서인지 우상숭배 내용이 너무 많이 들어 있음에 마음이 아프다. 어제오늘 일도 아니고 '정말 이 노릇을 어떡하나?' 문화 속 영적 전쟁을 위해서 더욱 중보해야겠다.

"그러므로 깨어 있으라 어느 날에 너희 주가 임할는지 너희가 알지 못함이니라 너희도 아는 바니 만일 집 주인이 도둑이 어느 시각에 올 줄을 알았더라면 깨어 있어 그 집을 뚫지 못하게 하였으리라 이러므로 너희도 준비하고 있으라 생각하지 않은 때에 인자가 오리라 충성되고 지혜 있는 종이 되어 주인에게 그 집 사람들을 맡아 때를 따라 양식을 나눠 줄 자가 누구냐 주인이 올 때에 그 종이 이렇게 하는 것을 보면 그 종이 복이 있으리로다."

314 9월 28일 (딤전 4:15-16)

성숙함을 나타나게 하라

난 말하는 것이 좀 자신이 없다. 왜냐하면 말을 많이 하게 되면 실수를 하고, 또 교만과 자랑으로 이어지기 때문에 최대한 말을 줄인다. 그러다 보니 이제는 너무 무게만 잡는 것처럼 되어 더욱 교만하게 되어 버린다. 같은 믿는 식구들과도 사실은 '너 잘났어'라고 생각할까봐 마음껏 속 얘기를 나누지도 못한다. 하지만 기도 중에 만나게 하신 새벽예배 집사님은 신실함의 정도가 아주 깊어, 열린 귀와 마음으로 '영적 윈윈' 하며 또한 진보를 그대로 나타내며 나눌 수 있어, 매일 함께 오고 갈 때마다 신나는 부흥회를 하고 다닌다.

"이 모든 일에 전심전력하여 너의 성숙함을 모든 사람에게 나타나게 하라 네가 네 자신과 가르침을 살펴 이 일을 계속하라 이것을 행함으로 네 자신과 네게 듣는 자를 구원하리라."

315 9월 29일 (딤전 6:12; 딤후 1:7-8)

믿음의 선한 싸움을 싸우라

토요일이면 새벽 찬양대가 쉬기에 예배 시작 전 본당에서 기도할 시간이 충분하다. 그래서 조용히 그동안 해왔던 암송을 입술로 선포하며 기도했다. 얼마나 시간이 흘렀을까? 가슴과 등에서 쏟아져 나오는 성령의 열기가 흡사 사우나실에 있는 것과 같았는데, 문봉주 목사님 128강까지 강의 내내 강조했던 성령이 뭉클뭉클 솟아나는 꼭 그런 느낌이었다.

"믿음의 선한 싸움을 싸우라 영생을 취하라 이를 위하여 네가 부르심을 받았고 많은 증인 앞에서 선한 증언을 하였도다 하나님이 우리에게 주신 것은 두려워하는 마음이 아니요 오직 능력과 사랑과 절제하는 마음이니 그러므로 너는 내가 우리 주를 증언함과 또는 주를 위하여 갇힌 자 된 나를 부끄러워하지 말고 오직 하나님의 능력을 따라 복음과 함께 고난을 받으라."

316 9월 30일 (골 4:2-3)

감사함으로 깨어 있으라

암송을 마치고 돌아오는 길목의 그 보살집 근처에서 팔목이 또 살짝 욱신거렸다. 난 오른손으로 바꿔서 말씀 종이를 붙잡고 명령 기도를 강력히 시작했고, 또 언제 그랬냐는 듯이 팔목은 멀쩡했다. 이 세상이 너무 악하고 우리 주님 오실 날까지 선한 싸움이 그치지 않기에 감사함으로 늘 깨어 있어야 할 것이다.

> "기도를 계속하고 기도에 감사함으로 깨어 있으라 또한 우리를 위하여 기도하되 하나님이 전도할 문을 우리에게 열어 주사 그리스도의 비밀을 말하게 하시기를 구하라 내가 이 일 때문에 매임을 당하였노라."

317 10월 1일 (사 30:15-16)

돌이켜 잠잠히 신뢰하라

휴대폰, 현란한 인터넷 문화, 음란, 물질만능사상에 노출되어 있는 우리 청소년들을 위해 막내 담임선생님께선 귀한 청소년 사역을 펼치시고, 난 그를 위해서 날마다 중보하고 있다. 큰아이 때는 영적인 일에 대해 무지한 상태라 아이를 위한답시고 자모회장도 하고, 방학 때마다 영어공부를 위해 해외에도 보내고, 아이보다 한참 앞서 나갔던 것을 생각하면 너무 부끄러워진다. 그래서 작은아이 때는 본인이 직접 앞에서 주체적으로 활동하게 하고, 난 끊임없이 그 반과 학교를 위해 뒤에서 소리 없이 기도해 왔다. 그러다 쌓인 기도 때문인지 귀한 선생님을 만나게 되었고, 놀랍게도 새벽예배 기도 동역을 통해 믿지 않는 청소년들에게도 더 많은 생명의 빛을 발하게 하셨다.

"주 여호와 이스라엘의 거룩하신 이가 이같이 말씀하시되 너희가 돌이켜 조용히 있어야 구원을 얻을 것이요 잠잠하고 신뢰하여야 힘을 얻을 것이거늘 너희가 원하지 아니하고 이르기를 아니라 우리가 말 타고 도망하리라 하였으므로 너희가 도망할 것이요 또 이르기를 우리가 빠른 짐승을 타리라 하였으므로 너희를 쫓는 자들이 빠르리니."

318 10월 2일 (시 121편)

나의 도움이 어디서 올까

드디어 선택 강좌 2차 개강 날이다. 하나님께서 새롭게 만나게 하실 믿음의 식구들과 만나는 날이니 더욱 반갑고 떨리며 흥분되었다. 하지만 며칠 전에 제자사무실에서 신청자 수가 너무 적은데 강의가 가능한지를 물어왔다. 그런데 놀랍게도 전날 기도 중에 하나님께서 디모데전서 4장 15-16절 말씀을 주셔서 어떤 상황이라도 즐겁게 순종하기로 마음먹고 있었다. 하나님께서 함께하시는 일이라 타인의 이목이나 기타 상황은 신경 안 쓰고, 하나님께서 특히 아끼시는 구성원들을 위해 깊이 기도하며 열심히 임했다. 저번에 1부 때 암송 번호를 매겨 26번까지 했으니 이제는 27번부터 시작해서 오늘은 31번까지 하고, 적어도 8주 동안이면 60번까지는 아마 하게 될 것이다. 말씀 찬양마다 모두 고유 번호를 매겨 완전히 되새김하며 하나님께 영광으로 올려드리는 산 제사의 흠 없는 제물이 되게 하리라.

"내가 산을 향하여 눈을 들리라 나의 도움이 어디서 올까 나의 도움은 천지를 지으신 여호와에게서로다 여호와께서 너를 실족하지 아니하게 하시며 너를 지키시는 이가 졸지 아니하시리로다 이스라엘을 지키시는 이는 졸지도 아니하시며 주무시지도 아니하시리로다 여호와는 너를 지키시는 이시라 여호와께서 네 오른쪽에서 네 그늘이 되시나니 낮의 해가 너를 상하게 하지 아니하며 밤의 달도 너를 해치지 아니하리로다 여호와께서 너를 지켜 모든 환난을 면하게 하시며 또 네 영혼을 지키시리로다 여호와께서 너의 출입을 지금부터 영원까지 지키시리로다."

319 10월 3일 (시 139:1-4)

나를 잘 아시는 주님

삶을 통해서 날마다 영적 전쟁에서 승리하게 하시고, 말씀을 듣고 지키는 부단한 훈련으로 성숙시키시며, 에벤에셀(도우심)로, 임마누엘(임재)로, 여호와 이레(준비)로 감사케 하시는 하나님을 찬양합니다.

> "여호와여 주께서 나를 살펴보셨으므로 나를 아시나이다 주께서 내가 앉고 일어섬을 아시고 멀리서도 나의 생각을 밝히 아시오며 나의 모든 길과 내가 눕는 것을 살펴보셨으므로 나의 모든 행위를 익히 아시오니 여호와여 내 혀의 말을 알지 못하시는 것이 하나도 없으시니이다."

320 10월 4일 (골 1:24)

교회를 위하여

새벽녘에 제목을 알려 주시고 음성으로 들려주셨다. '그리스도의 머리인 교회를 위하여 지금까지 뭘 했을까?' 아무리 생각해도 앞으로 더 하고 싶은 것들과 잘못한 것들만 생각난다. 하나님을 기쁘시게 하지 못한 수많은 일들에 대해 마음을 다해 회개하고, 이 땅의 교회의 부흥을 위해 부족하지만 힘을 다해 기도했다.

"나는 이제 너희를 위하여 받는 괴로움을 기뻐하고 그리스도의 남은 고난을 그의 몸 된 교회를 위하여 내 육체에 채우노라."

321 10월 5일 (빌 3:13-14)

푯대를 향하여

7월 28일에 기록되었던, 만삭이던 분께 문자가 왔는데 얼마나 감동이 되는지 그대로 옮겨 보았다.

"집사님, 감사합니다. 집사님 덕분에 정말 귀한 걸 배웠고 주일에 특송까지 올리게 되어 저희 가족 모두 감사와 감격뿐입니다. 서울로 올라오면서도 남편이랑 계속 말씀 암송 따라 부르며 왔네요. 필요할 때마다 가락으로 흥얼거리게 되니 다시 새기게 되고 정말 좋았습니다. 이제까지 아기에게도 태교다운 태교를 못했다는 미안함이 있었는데 출산 전에 이렇게 할 수 있어서 또한 정말 좋았습니다. 집사님의 사역이 하나님 앞에서 더욱 강성해가시길 기도할게요. 감사드려요."

"요즘도 가끔 아기랑 부르면 아기가 익숙해하고 좋아합니다. 미국에서 곧 출산하는 동생한테도 해보라고 권하고 있어요. 감사합니다."

"형제들아 나는 아직 내가 잡은 줄로 여기지 아니하고 오직 한 일 즉 뒤에 있는 것은 잊어버리고 앞에 있는 것을 잡으려고 푯대를 향하여 그리스도 예수 안에서 하나님이 위에서 부르신 부름의 상을 위하여 달려가노라."

322 10월 6일 (행 8:1)

모든 땅으로 흩으심

새벽 예배를 마치고 성령님의 중보기도를 드리는데 유난히 성령님께서 불같이 뜨겁게 역사하셨다. 기도하면서 '오늘은 더 많이 기뻐하시네!' 생각하며 더 깊이 기도에 집중하였다. 그런데 끝나고 주변을 살펴보니 오래 전 내게 새가족 훈련을 받으신 분이 계셨는데 순간 얼마나 기뻤던지 나도 모르게 큰 소리로 인사를 했다.

"사울은 그가 죽임 당함을 마땅히 여기더라 그날에 예루살렘에 있는 교회에 큰 박해가 있어 사도 외에는 다 유대와 사마리아 모든 땅으로 흩어지니라."

323 10월 7일 (민 6:22-26)

제사장이 하는 축복

하나님께서는 내게 연거푸 사소한 주변의 모든 일들에 절대 우연이 없다는 것을 날마다 체험을 통해 확실히 알게 하신다. 차량 기사님이 필요해서 5일 광고를 냈는데 4일 동안 이렇다 할 전화 한 통 없었다.

그렇지만 난 하나님께 맡기고 감사만 해오던 처지라 평안하였다. 5일째 되는 날 상담 준비를 하고 출근했다. 아니나 다를까 어떤 중년의 남자분이 면접하기 위해서 들어오셨는데 성령이 갑자기 뜨거워졌다. 첫인사로 난 "목사님이시죠?" "아, 네. 어떻게 아셨나요?" 조그만 교회이지만 개척하시고 성도수가 늘어가자 전도사를 두고 편안히 말씀 연구에만 집중하다 보니 어느 순간 성도 수가 갑자기 줄게 되어 시간이 짧아서 적당한 이 일을 할 수밖에 없다고 하셨다. 마음은 아팠지만 하나님께서 어떻게 서로 돕고 기도하게 하실지 한편으로 기대가 되었다.

> "여호와께서 모세에게 말씀하여 이르시되 아론과 그의 아들들에게 말하여 이르기를 너희는 이스라엘 자손을 위하여 이렇게 축복하여 이르되 여호와는 네게 복을 주시고 너를 지키시기를 원하며 여호와는 그의 얼굴을 네게 비추사 은혜 베푸시기를 원하며 여호와는 그 얼굴을 네게로 향하여 드사 평강 주시기를 원하노라 할지니라 하라."

324 10월 8일 (민 9:23)

여호와의 명령을 따라

기도를 해보고 마음이 즐거우셨던지 그 세워진 새가족께서 또 한 분을 데리고 오셨다. 그런데 알고 보니 그분도 나와 나눔을 하셨던

분이셨다. 마구 마음이 떨릴 정도로 기뻤다. '하나님께선 더 기뻐하시겠지.'

"곧 그들이 여호와의 명령을 따라 진을 치며 여호와의 명령을 따라 행진하고 또 모세를 통하여 이르신 여호와의 명령을 따라 여호와의 직임을 지켰더라."

325 10월 9일 (레 20:26)

거룩하라

정말 구별된 삶을 살고 싶은데, 우린 너무 나약해서 쉽게 넘어진다. 그나마 암송을 하게 되니 영적 침체가 조금은 더딘 것 같다. 왜냐하면 처음엔 우리가 말씀을 붙잡으려 애를 쓰지만, 나중엔 그 말씀이 우리를 자석처럼 붙잡게 되기 때문이다.

날마다 이기게 하시는 하나님, 감사드립니다.

"너희는 나에게 거룩할지어다 이는 나 여호와가 거룩하고 내가 또 너희로 나의 소유를 삼으려고 너희를 만민 중에서 구별하였음이니라."

326 10월 10일 (행 18:18)

나를 다시 드린 날

그저께부터 학원 입구에 붙인 플래카드가 신경을 안 썼더니 너덜거렸다. 그래서 새벽마다 교회 부근에 주차된 광고사 차량 문구가 자꾸 떠오르지만 워낙 거리 차이가 있어 가까운 곳에 전화를 했다. 하지만 큰돈이 안 되어서인지 썩 신통치 않게 전화를 받더니 연락이 없었고 또 다른 곳에 했는데도 그곳도 시큰둥해서 또 다른 곳에 전화를 해서 방문을 요청했다. 저녁쯤 되어 광고사 사장님이 오셨는데 발에 깁스를 하고 계셨고 죄송하다며 3주 정도 뒤에 다시 연락을 주시든지 다른 곳에 하라고 하셨다. '하나님께서 누구를 만나게 하시려고 이러시지? 조금 더 기도해야겠네' 생각하고 좀 보류하였다.

"바울은 더 여러 날 머물다가 형제들과 작별하고 배 타고 수리아로 떠나갈새 브리스길라와 아굴라도 함께하더라 바울이 일찍이 서원이 있었으므로 겐그레아에서 머리를 깎았더라."

327 10월 11일 (마 6:5–7)

주님과 소통하는 기도

“또 너희는 기도할 때에 외식하는 자와 같이 하지 말라 그들은 사람에게 보이려고 회당과 큰 거리 어귀에 서서 기도하기를 좋아하느니라 내가 진실로 너희에게 이르노니 그들은 자기 상을 이미 받았느니라 너는 기도할 때에 네 골방에 들어가 문을 닫고 은밀한 중에 계신 네 아버지께 기도하라 은밀한 중에 보시는 네 아버지께서 갚으시리라 또 기도할 때에 이방인과 같이 중언부언하지 말라 그들은 말을 많이 하여야 들으실 줄 생각하느니라.”

328 10월 12일 (마 16:4)

요나의 표적

‘주님께 영광’이라는 제목으로 장신대학교 성악과 팀이 메들리로 하나님께 영광을 돌리는 공연이 삼성문화회관에서 열렸다. 몇 주 전에 찬양하는 모습이 너무 아름답고 사랑스러운 그 멤버였던 집사님께 표를 예매했던 터라 작은아이와 함께 보러 갔다. 예수님의 일생을 다뤘는데, 십자가의 예수님으로 인해 너무 가슴이 아려 감동적이라고 표현하기에는 너무 언어가 부족했다. 하지만 찬양하는 그 입술에 복이 있으리라 기도하였고, 우리는 그 부근의 분식집으로 향했다. 그곳을 운영하는 집사님은 얼굴이 해같이 맑고 사람들을 주님 마음으로 잘 섬긴다. 그래서 한 달에 한 번은 늘 장애우들을 위해 간식을 담당하신다. 이 땅에서도 하나님 나라를 본다.

"악하고 음란한 세대가 표적을 구하나 요나의 표적밖에는 보여줄 표적이 없느니라 하시고 그들을 떠나가시니라."

329 10월 13일 (고전 15:51–54)

부활의 비밀

새벽에 문득 깨어나 컴퓨터 앞에서 성경 작업을 하다 눈을 감았는데 이상한 세계가 펼쳐졌다. 수천의 사람들이 우리 집에 방문하여서 먹기도 하고 모여 이야기도 하였다. 잔칫집처럼 붐볐는데 밥 시간인지라 난 이 많은 사람들에게 무엇을 대접해야 흡족할까 냉장고를 점검하였고, 때마침 재료가 알맞게 있어 재빠른 준비로 맛있게 먹을 수 있었다. 환상 같기도 하고, 현실 같기도 하고, 꿈 같기도 하였다. 정신을 차려도 그 붐비는 속에서도 맛있게 잘 드시는 상황이 하루 종일 머릿속에서 떠나지 않았다.

"보라 내가 너희에게 비밀을 말하노니 우리가 다 잠잘 것이 아니요 마지막 나팔에 순식간에 홀연히 다 변화되리니 나팔 소리가 나매 죽은 자들이 썩지 아니할 것으로 다시 살아나고 우리도 변화되리라 이 썩을 것이 반드시 썩지 아니할 것을 입겠고 이 죽을 것이 죽지 아니함을 입으리로다 이 썩을 것이 썩지 아니함을 입고 이 죽을 것이 죽지 아니함을 입을 때에는 사망을 삼키고 이기리라고 기록된 말씀이 이루어지리라."

330 10월 14일 (눅 24:25-27)

자기에 관하여 설명하심

기도하는 중에 자꾸 플래카드가 생각이 나서 오늘은 맘 먹고 조금 먼 그 교회 앞 광고사에 전화를 하려는데 114에도 나오지 않아 머리 속에 기억된 것을 더듬어 전화를 했는데 신기하게 맞았다. 그 사장님께선 먼 길을 마다 않고 곧바로 오셨다. 그런데 오래 전부터 아주 잘 알던 사람같이 서로 바쁜데도 불구하고 진솔한 나눔을 갖게 하셨다. 신앙이 아주 깊으신데 현재 영적으로 침체되어 혼란스러워 하고 계셨다. 얘기하는 중에도 성령님께서 가슴에서 뜨겁게 요동치고 계셨다. 알고보니 얼마 전에 그만두신 우리 교회 유망한 전도사님의 장인이셨고 새벽 찬양대도 열심히 하셨던 좀 특별한 분이셨다. 합력하여 선을 이루기를 원하시는 하나님의 마음을 알 수 있는 시간이 되었다.

"이르시되 미련하고 선지자들이 말한 모든 것을 마음에 더디 믿는 자들이여 그리스도가 이런 고난을 받고 자기의 영광에 들어가야 할 것이 아니냐 하시고 이에 모세와 모든 선지자의 글로 시작하여 모든 성경에 쓴 바 자기에 관한 것을 자세히 설명하시니라."

331 10월 15일 (눅 24:32)

마음이 뜨거워질 때

우연히 서점에 갔다가 《테필린》이라는 책을 사서 읽게 되었다. 이스라엘이 A.D. 70년에 로마에 나라를 빼앗기고 1948년에 되찾을 때까지 말씀을 철저히 암송하며 전통과 문화를 지키려는 유대인들의 생활상과 교육에 대한 내용이었는데, 어찌나 마음에 감동이 오던지 아이들에 대한 내 교육의 새로운 지평과 화약고가 되지 않을까 싶다.

"그들이 서로 말하되 길에서 우리에게 말씀하시고 우리에게 성경을 풀어주실 때에 우리 속에서 마음이 뜨겁지 아니하더냐 하고."

332 10월 16일 (요 21:25; 히 3:4)

만물을 지으신 하나님

새벽 찬양은 실로 대단한 에너지를 갖고 있다. 얼마나 하나님이 기뻐하시는지, 덜 깬 잠 속에서도 새벽부터 마구 흥분이 된다. 대장님도, 지휘자도, 반주자도, 단원들도 모두모두 소리 없이 열심이시다. 할렐루야!

> "예수께서 행하신 일이 이외에도 많으니 만일 낱낱이 기록된다면 이 세상이라도 이 기록된 책을 두기에 부족할 줄 아노라 집마다 지은 이가 있으니 만물을 지으신 이는 하나님이시라."

333 10월 17일 (고후 12:10)

약할 때 강함

한 달에 한 번 있는 수료식 때 특별 출연하신 집사님께서 오늘날 우리 교회엔 좀비 학생들이 많다고 말씀하시는데 정말 딱 그런 것 같다. 부모 권유로 억지로 교회에 왔다 멍하니 휴대폰만 뒤적거리다 돌아가는 아이들이 많다. 그러한 가슴 아픈 현실 때문에라도 말씀이 마음에서 미끄러지지 않도록 송곳으로 박아 두어야 하는데, 자녀들에게 신앙의 유산을 물려주는 문제는 정말 어렵고 다급한 일이 아닐 수 없다.

> "그러므로 내가 그리스도를 위하여 약한 것들과 능욕과 궁핍과 박해와 곤고를 기뻐하노니 이는 내가 약한 그때에 강함이라."

334 10월 18일 (엡 2:22)

함께 지어져 감

우리 엄마들에게는 귀하고 간과할 수 없는 사명이 있다. 바로 자녀들을 믿음 안에서 동역자로 바로 세우는 것이다. 그런데 참 이것이 어려워 마음처럼 잘 되질 않는다. 우리 큰아이는 어려서부터 교회는 다녔지만 체험을 하지 않았기에 세상과 동화되어 막연히 예수를 아는 정도였고 교회에 잘 나가지도 않고 있었다. 그러다 어느 날 밤에 후배에게 급한 전화가 오고 익산에 다녀오다가 졸음운전으로 전군가도 가로수를 들이받아 산 지 5개월 정도 된 카렌스가 완전히 폐차될 정도로 큰 사고가 났다. 옆에 타고 있던 후배는 중환자실로 실려갔고 우리 아이는 잠깐 기절을 했는데, 그 순간 기도하던 엄마가 떠올랐다고 한다. 깨어나 보니 다친 곳이 하나도 없었고 머리를 터는데 유리 파편이 그릇에 가득했다. 그 뒤로 교회에 새롭게 등록하여 열심히 다니기 시작했다. 그리고 몇 년이 흘러 회사를 다니는데, 워낙 바쁘고 일이 많아 주일에도 출근하여 일하느라 주일을 범하기 일쑤였다. 단호히 선포하라고 아무리 옆에서 말해도 도대체 대답만 하지 들으려 하질 않았다. "하나님께서 너를 사랑하셔서 안 들으면 이제는 널 치실지도 몰라!" "악담을 하세요, 엄마!" 그러다 어느 날 또다시 회사 일로 아중역 부근에서 직원 차를 타고 가다 그 직원의 졸음운전으로 6중 추돌이 일어나 이번엔 이마가 심하게 다쳐 살이 패어 여섯 바늘을 꿰매게 되었다. 그 이후론 아주 잘 다니고 있다. 그러나 언젠가는 믿음이 더 성숙하여 더 깊이 동역하며 하나님 나라 확장을 위해 더 크게 쓰임 받게 될 것이다.

"너희도 성령 안에서 하나님이 거하실 처소가 되기 위하여 그리스도 예수 안에서 함께 지어져 가느니라."

335 10월 19일 (고후 5:18; 엡 2:14, 16)

화목하게 하심

우리 교회에는 부목사님들이 열 분이 넘게 계신데 모두 한결같이 겸손하며 하나님 사랑이 차고 넘치신다. 그중에서도 특히 나이가 40을 훌쩍 넘기셨는데도 정말 맑은 소년의 눈을 보는 것처럼 순수하고, 그리스도의 열정과 기도와 감사로 넘치시는 목사님이 계시는데, 뵐 때마다 얼마나 은혜가 되는지 모른다. 내 마음이 그 눈 속에 투영되어 더러웠던 내 생각과 마음까지 깨끗해지는 느낌을 받는다. 그분은 2008년 내가 1기로 독수리 제자훈련을 받을 당시 군사반, 재생산반에서 두 번이나 내 강사님이셨는데, 얼마나 온 힘을 다해 성도들을 섬기며 가르치셨는지 아무것도 모르던 내게 하나님에 대해 아는 지식과 지혜에 눈을 뜨게 해주신 분이다. 그런데 그 목사님께서 이제는 부족하기 짝이 없는 평신도 집사인 내 강의를 듣고 계신다. 그리스도의 겸손으로 가득 채워진 그 훌륭하신 목사님의 사역을 위해 조금이라도 도움이 될까 해서 새벽마다 부르짖게 된다.

"모든 것이 하나님께로서 났으며 그가 그리스도로 말미암아 우리를 자기와 화목하게 하시고 또 우리에게 화목하게 하는 직분을 주셨으니 그는 우리의 화평이신지라 둘로 하나를 만드사 원수 된 것 곧 중간에 막힌 담을 자기 육체로 허시고 또 십자가로 이 둘을 한 몸으로 하나님과 화목하게 하려 하심이라 원수 된 것을 십자가로 소멸하시고."

336 10월 20일 (사 30:18; 시 40:1~2)

여호와를 기다리라

"그러나 여호와께서 기다리시나니 이는 너희에게 은혜를 베풀려 하심이요 일어나시리니 이는 너희를 긍휼히 여기려 하심이라 대저 여호와는 정의의 하나님이심이라 그를 기다리는 자마다 복이 있도다 내가 여호와를 기다리고 기다렸더니 귀를 기울이사 나의 부르짖음을 들으셨도다 나를 기가 막힐 웅덩이와 수렁에서 끌어올리시고 내 발을 반석 위에 두사 내 걸음을 견고하게 하셨도다."

337 10월 21일 (빌 1:20; 요 8:29, 17:21)

하나가 되어

그래도 교회가 크다 보니 목사님께서 중요하게 여기시는 것 중 하나가 '그리스도 안에서 하나가 되자'는 것이다. 오늘 새벽 하나가 되자고 설교하시며 눈물을 글썽이시는데 미약하여 힘이 되지 못함에 마음이 아팠다.

"나의 간절한 기대와 소망을 따라 아무 일에든지 부끄러워하지 아니하고 지금도 전과 같이 온전히 담대하여 살든지 죽든지 내 몸에서 그리스도가 존귀하게 되게 하려 하나니 나를 보내신 이가 나와 함께 하시도다 나는 항상 그가 기뻐하시는 일을 행하므로 나를 혼자 두지 아니하셨느니라 아버지여, 아버지께서 내 안에, 내가 아버지 안에 있는 것같이 그들도 다 하나가 되어 우리 안에 있게 하사 세상으로 아버지께서 나를 보내신 것을 믿게 하옵소서."

338 10월 22일 (삼하 2:1)

여쭈어 아뢰되

"그 후에 다윗이 여호와께 여쭈어 아뢰되 내가 유다 한 성읍으로 올라가리이까 여호와께서 이르시되 올라가라 다윗이 아뢰되 어디로 가리이까 이르시되 헤브론으로 갈지니라."

339 10월 23일 (신 21:18-19, 21)

부모에게 순종하라

어제 'Story Castle' 수업 중에 이 부분을 영어로 배우던 아이들이 다들 숙연한 자세였던 모습이 그림처럼 떠오른다. 하나님께서 이 땅에 주신 그 첫 번째 계명을 소중히 지켜야 할 것이다.

"사람에게 완악하고 패역한 아들이 있어 그의 아버지의 말이나 그 어머니의 말을 순종하지 아니하고 부모가 징계하여도 순종하지 아니하거든 그의 부모가 그를 끌고 성문에 이르러 그 성읍 장로들에게 나아가서 그 성읍의 모든 사람들이 그를 돌로 쳐죽일지니 이같이 네가 너희 중에서 악을 제하라 그리하면 온 이스라엘이 듣고 두려워하리라."

340 10월 24일 (사 55:12-13)

여호와의 기념

어제부터 1년에 두 번 있는 바자회가 시작되었다. 우리 선교회는 두부과자를 만들어 판다. 다들 일이 힘들고 고되지만 어찌나 열심히 하시는지, 합력하여 선을 이루는 산 증인들임을 단번에 알 수 있다. 난 온전히 매이지 못하기에 항상 일하면서도 미안할 따름이다. 그런데 오늘은 이상하게 옆에서 먹을 것을 권하여 조금 나눠 먹었는데 속이 더부룩하고 배가 아팠다. 마음속으로 계속 기도하고 암송하여도 낫질 않았다.

"너희는 기쁨으로 나아가며 평안히 인도함을 받을 것이요 산들과 언덕들이 너희 앞에서 노래를 발하고 들의 모든 나무가 손뼉을 칠 것이며 잣나무는 가시나무를 대신하여 나며 화석류는 찔레를 대신하여 날 것이라 이것이 여호와의 기념이 되며 영영한 표징이 되어 끊어지지 아니하리라."

341 10월 25일 (겔 11:19)

한 마음과 새 영

바자회 마지막 날이라 일은 잘 못하지만 열심히 임하는데도 뱃속은 영 시원치가 않았다. 그래도 내색하지 않고 하나님께서 무엇을 원하시는지 계속 찾다가 하루가 지났다.

> "내가 그들에게 한 마음을 주고 그 속에 새 영을 주며 그 몸에서 돌 같은 마음을 제거하고 살처럼 부드러운 마음을 주어."

342 10월 26일 (엡 1:22-23)

교회의 머리 되신 그리스도

약을 먹어도 당연히 소용이 없었다. 그러다 따뜻한 곳에 배를 대고 잠깐 누웠는데, 많은 초중고 아이들에게 간식을 주며 꿀 같은 말씀을 가르치다 못내 아쉬워하며 잠에서 깼다. 놀라긴 했지만 이내 '지금도 가르치고 있는데……' 하며 대수롭지 않게 넘기자 다시 배가 뒤틀리며 아팠다. 또 자리에 누웠고 눕자마자 그 장면을 몇 차례 영화처럼 선명하게 보여주셨다. 이번에는 남자 고등학교 같은 곳이었고 구체적인

간식까지 보여주시며, 또 꿀 같은 말씀을 가르치게 하셨다. 자면서도 배에서는 우글우글 요동치는 소리가 들렸다. 정신없이 자리를 옮겨가며 이곳저곳에서 말씀을 계속 가르치게 하셨다. 요 며칠간 바자회 일을 돕는답시고 말씀을 소홀히 했던 것을 깨닫게 하셨다. 이것을 알게 하신 성령님이 너무도 감사해 자리를 박차고 일어나 무조건 컴퓨터 앞에 앉아 통독하던 것을 펼치며, 아이들과 말씀을 나눌 구체적인 내용도 훑어보았다.

"또 만물을 그 발 아래에 복종하게 하시고 그를 만물 위에 교회의 머리로 삼으셨느니라 교회는 그의 몸이니 만물 안에서 만물을 충만하게 하시는 이의 충만함이니라."

343 10월 27일 (행 7:59–60)

스데반의 순교

당연히 배가 씻은 듯이 나았다. 정말 아무하고도 얘기를 나눌 엄두조차 나질 않고 다만 하나님께 영광을 돌릴 뿐이었다.

"그들이 돌로 스데반을 치니 스데반이 부르짖어 이르되 주 예수여 내 영혼을 받으시옵소서 하고 무릎을 꿇고 크게 불러 이르되 주여 이 죄를 그들에게 돌리지 마옵소서 이 말을 하고 자니라."

344 10월 28일 (골 1:18–19)

근본 되신 그리스도

전주안디옥교회는 7시부터 2시 예배까지 다섯 번 주일 예배를 드린다. 1부 예배 때 정말 아름다운 알토로 하나님께 영광을 돌리는 집사님이 있는데, 정말 믿음이 깊고 그야말로 마음이 비단결같이 곱다. 책을 쓰는 내내 성령님께서 어찌나 감동으로 교제하게 하시는지, 그 바쁘신 집사님을 내가 어지간히 귀찮게 했고, 결국은 내 강의도 듣게 되었다. 그런데 그 집사님에게 아침 일찍 문자가 왔다. "샬롬~♥ 집사님 오늘 예배 말씀에 집사님께서 가르쳐 주신 말씀들이 많이 나왔어요. 더~욱 은혜가 되었습니다. 왠지 오늘 예배 중에 집사님께 감사 인사를 해야겠다는 마음이 들었어요. 집사님 감사합니다~♥♥"

"그는 몸인 교회의 머리시라 그가 근본이시요 죽은 자들 가운데서 먼저 나신 이시니 이는 친히 만물의 으뜸이 되려 하심이요 아버지께서는 모든 충만으로 예수 안에 거하게 하시고."

345 10월 29일 (갈 4:4-7)

때가 차매

요즘 우리 가족들은 묵은 물건들을 정리하고 있는데, 이번엔 주로 수도 없이 내가 사 날랐던 3층에 쌓여 있는 테이프나 CD, 비디오 테이프들이었다. 15년 전쯤 아이들을 가르치며 영어나 수학이 100점이 나와도 성적은 많이 향상되지 않았기에 국·사·과 등을 손쉽게 시험을 잘 볼 수 없을까 연구하던 중 내가 미리 요점을 정리하고 그것을 동요로 부르게 하다 보니 무려 2,000-3,000곡 정도가 되었다. 특허를 받아 보려고 자료도 준비하고 동분서주하던 중 저작권 때문에 불가능하다는 통보를 받았다. 실망한 채 접어 버리고 몇 년을 지내다 교회의 독수리 제자훈련 프로그램 중 사모님께 힌트를 얻어 성경을 암송해 보았는데, 마치 창세 전부터 하나님께서 미리 예비하신 것처럼 내 몸에 꼭 맞았다. 오늘 구절도 "연 날리기"에 맞춰 부르면 정말 흥겹게 암송이 된다.

"때가 차매 하나님이 그 아들을 보내사 여자에게서 나게 하시고 율법 아래에 나게 하신 것은 율법 아래에 있는 자들을 속량하시고 우리로 아들의 명분을 얻게 하려 하심이라 너희가 아들이므로 하나님이 그 아들의 영을 우리 마음 가운데 보내사 아빠 아버지라 부르게 하셨느니라 그러므로 네가 이후로는 종이 아니요 아들이니 아들이면 하나님으로 말미암아 유업을 받을 자니라."

346 10월 30일 (느 1:5)

주께 간구하나이다

목사님께서 말씀하시길, '성령님의 중보기도'는 성령님이 우리를 위하여 '간구'하시는 것이며, 간구란 petition으로 원래 있던 것을 제자리로 돌리는 것을 의미한다고 하셨다. 그렇기에 성령께서 우리를 위하여 간구하심을 잊지 말고 날마다 부르짖는 기도로 나아가자고 늘 힘주어 강조하신다.

"이르되 하늘의 하나님 여호와 크고 두려우신 하나님이여 주를 사랑하고 주의 계명을 지키는 자에게 언약을 지키시며 긍휼을 베푸시는 주여 간구하나이다."

347 10월 31일 (창 49:22, 25)

무성한 가지

"요셉은 무성한 가지 곧 샘 곁의 무성한 가지라 그 가지가 담을 넘었도다 네 아버지의 하나님께로 말미암나니 그가 너를 도우실 것이요 전능자로 말미암나니 그가 네게 복을 주실 것이라 위로 하늘의 복과 아래로 깊은 샘의 복과 젖 먹이는 복과 태의 복이리로다."

348 11월 1일 (왕하 7:9)

가서 알리자

전도는 정말 쉽지 않다. 얼마나 나를 내려놓아야 하는지 모른다. 잎만 무성하고 열매가 없는 무화과나무가 되고 싶지 않다. 더 힘을 내보자! 아름다운 소식을 더 크게 알려 보자!

"나병 환자들이 그 친구에게 서로 말하되 우리가 이렇게 해서는 아니 되겠도다 오늘은 아름다운 소식이 있는 날이거늘 우리가 침묵하고 있도다 만일 밝은 아침까지 기다리면 벌이 우리에게 미칠지니 이제 떠나 왕궁에 가서 알리자 하고."

349 11월 2일 (시 91:14-16)

사랑한즉 건지리라

불과 몇 년 전까지도 하나님 사랑이 유일한 아가페 사랑이라고 생각했는데, 성경을 읽고 하나님에 대해 더 깊이 알면 알수록 하나님의 사랑은 온전한 에로스의 사랑이라는 것을 확신하게 되었다. 남편과의 언약을 깨뜨린 우리를 위해 그리스도의 십자가 공로로 만들어진 눈물겨운 회복, 그래서 다시 새 예루살렘의 새 신부로 새롭게 하심에 감사하며, 다시는 뻔뻔한 얼굴과 뻣뻣한 목으로 외식하거나 외도하지 말고 그 귀하디 귀한 사랑에 묵묵히 헌신해야 하지 않을까 싶다.

"하나님이 이르시되 그가 나를 사랑한즉 내가 그를 건지리라 그가 내 이름을 안즉 내가 그를 높이리라 그가 내게 간구하리니 내가 그에게 응답하리라 그들이 환난 당할 때에 내가 그와 함께하여 그를 건지고 영화롭게 하리라 내가 그를 장수하게 함으로 그를 만족하게 하며 나의 구원을 그에게 보이리라 하시도다."

350 11월 3일 (단 1:8–9)

뜻을 정함

교회에 오늘 새로 등록하신 분은 초등학교 5년 차 여교사이신데, 어찌나 눈과 마음이 살아 반짝이는지 마치 스폰지가 물을 빨아들이듯 말씀 한 구절 한 구절을 흡수하고 있다. 나는 너무 신이 나서 한 시간을 넘게 말씀을 전했다. 그 자매의 눈에서는 눈물이 글썽거렸다. 틀림없이 하나님께서 귀한 사명자로 쓰실 분이리라!

"다니엘은 뜻을 정하여 왕의 음식과 그가 마시는 포도주로 자기를 더럽히지 아니하리라 하고 자기를 더럽히지 아니하도록 환관장에게 구하니 하나님이 다니엘로 하여금 환관장에게 은혜와 긍휼을 얻게 하신지라."

351 11월 4일 (엡 5:16-18)

술 취하지 말라

"세월을 아끼라 때가 악하니라 그러므로 어리석은 자가 되지 말고 오직 주의 뜻이 무엇인가 이해하라 술 취하지 말라 이는 방탕한 것이니 오직 성령으로 충만함을 받으라."

352 11월 5일 (말라기 종합)

지혜와 지식

하나님은 이스라엘 백성들을 모세를 통해 출애굽시키시고, 여호수아를 지도자로 세워 가나안 정복 전쟁으로 땅을 얻게 하셨다. 그런데 이스라엘은 하나님의 왕 되심을 인정치 않고 가나안에 동화되어 우상 숭배에 깊이 빠져들었다. 하나님은 그 백성들을 불쌍히 여겨 구원해 주시고자 사사를 보내시고, 또 선지자들을 수도 없이 보내셨지만 그들은 매번 하나님의 사랑을 외면해 버렸다. 말라기를 읽으면 모든 게 다 내 죄 같아서 너무 마음이 아프다.

400년 침묵하시고 끝내는 그 백성을 구원하시고자 사랑하는 독생자까지 보내신 그 놀라우신 사랑에 먼저 깊은 회개를 올립니다.

“주께서 어떻게 우리를 사랑하셨나이까 우리가 어떻게 주의 이름을 멸시하였나이까 우리가 어떻게 주를 더럽게 하였나이까 우리가 어떻게 여호와를 괴롭혀 드렸나이까 우리가 어떻게 하여야 돌아가리이까 우리가 무슨 말로 주를 대적하였나이까.”

353 11월 6일 (대하 25:2, 8-9)

온전한 마음으로 행하라

강의를 듣는 분 중에 큰아이 중학교 1학년 때부터 학교와 학원을 통해 맺어진 친구 엄마가 계시는데, 어찌나 영리하신지 말씀을 하나 알려 주면 열을 알아 버린다. 거기에 사모하는 마음까지 더욱 깊어져 삶에서 온전히 그리스도를 체험하게 하시며, 음식으로도 주변 분들과 어찌나 나누는 것을 즐거워하는지 보기만 해도 은혜가 넘친다. 할렐루야!

“아마샤가 여호와께서 보시기에 정직하게 행하기는 하였으나 온전한 마음으로 행하지 아니하였더라 왕이 만일 가시거든 힘써 싸우소서 하나님이 왕을 적군 앞에 엎드러지게 하시리이다 하나님은 능히 돕기도 하시고 능히 패하게도 하시나이다 하니 아마샤가 하나님의 사람에게 이르되 내가 백 달란트를 이스라엘 군대에게 주었으니 어찌할까 하나님의 사람이 말하되 여호와께서 능히 이보다 많은 것을 왕에게 주실 수 있나이다 하니라.”

354 11월 7일 (욜 2:26)

하나님의 백성

새벽예배에 동행하는 집사님은 옷가게를 운영하시는데, 일주일이면 몇 번씩이나 교회에 가느라 가게 문을 닫는다. 그런데도 손님이 늘 붐빈다. 신기하게도 손님들이 옷을 사러 오면서 먹을 것도 가져오셔서 이곳은 늘 잔칫집처럼 먹거리가 풍부하고 웃음소리가 끊이지 않는다. 신기한 일이다. 하나님께서 날마다 기름 부으심이 놀랍게 느껴진다.

"너희는 먹되 풍족히 먹고 너희에게 놀라운 일을 행하신 너희 하나님 여호와의 이름을 찬송할 것이라 내 백성이 영원히 수치를 당하지 아니하리로다."

355 11월 8일 (신 20:1)

두려워하지 말라

오늘은 몇 주 전에 등록하신 분이 계속 생각이 났다. 성당을 오랫동안 다니다가 교회로 옮기셨는데, 눈에 삶의 무게로 인해 피곤하고 지친 모습이 역력했기에 만난 이래 그분의 빠른 영적 회복을 위해 계속 기도하고 있었다. 기도와 봉사를 많이 하면서도 늘 뭔가 외식하는 것 같은 마음에 쫓겨 왔다고 했다. 말씀으로 깊이 교제를 해보니 너무 평안하고 앞으로 무엇을 양식으로 취하고 살아야 할지 알게 되었다며, 설레는 마음으로 기쁜 소망을 갖게 되었다고 했다. 말씀은 무기력증과 우울증을 이기게 함을 수도 없이 많이 보아 왔기에 이분도 틀림없이 가뿐하게 이길 수 있을 것이다.

"네가 나가서 적군과 싸우려 할 때에 말과 병거와 백성이 너보다 많음을 볼지라도 그들을 두려워하지 말라 애굽 땅에서 너를 인도하여 내신 네 하나님 여호와께서 너와 함께하시느니라."

356 11월 9일 (창 15:1)

환상 중의 여호와의 말씀

정말 신기한 것은 최근 몇 년 글을 쓰는 내내 거의 매일 음성을 듣고 환상을 보고 영적인 꿈을 꾸어 왔다. 날마다 구름을 타고 사는 그런 기분이지만 모두 하나님의 계획이고, 하나님이 하실 일에 대한 작은 도구라 생각하며 나를 더욱 낮추고 훈련하며 순종하리라 다짐해 본다.

"이후에 여호와의 말씀이 환상 중에 아브람에게 임하여 이르시되 아브람아 두려워하지 말라 나는 네 방패요 너의 지극히 큰 상급이니라."

357 11월 10일 (잠 20:24, 16:9)

걸음을 인도하심

우리 교회의 부목사님들은 모두 한결같이 성령 충만으로 열심이시며 말씀을 사모하신다. 그중에는 50독을 훌쩍 넘기신 분도 계시는데, 그래서 그런지 예배 시간의 그 주옥 같은 말씀들을 메모하지 않고서는 못 배기게 된다. 얼마나 시원하고 마음을 파고들게 전달을 잘하시는지 아무리 어려운 내용도 쉽고 분명해서 몇 달이 지나도 또렷이 생각이 날 정도다. 그런데 그 목사님께서 "집사님, 교회에서도 토요일마다 암송학교 여시면 어떨까요? 저희 아이들 보내야 해서요" 하셨다. "시켜만 주시면 당연히 시간을 내야죠."

기쁨으로 순종할 수 있는 기회를 주신 하나님께 감사드립니다.

"사람의 걸음은 여호와로 말미암나니 사람이 어찌 자기의 길을 알 수 있으랴 사람이 마음으로 자기의 길을 계획할지라도 그의 걸음을 인도하시는 이는 여호와시니라."

358 11월 11일 (요 11:41-43)

나사로야 나오라

요즘은 모든 것이 풍성하고 풍요롭다. 성령님이 임하실 때 처음 몇 년은 지독히도 운영하는 것이 힘이 들었다. 왜 그렇게도 낮추시는지 도대체 이유를 알 수가 없었다. 그런데 그 시간들을 돌이켜보니 말씀에서 보고 읽었던 대로 훈련이었다. 철저한 훈련 덕분에 다행히 흔들리지 않았고, 그래서 지금은 너무나 자연스럽게 자석처럼 이끌리어 이 땅의 천국을 누리고 있다.

"돌을 옮겨 놓으니 예수께서 눈을 들어 우러러보시고 이르시되 아버지여 내 말을 들으신 것을 감사하나이다 항상 내 말을 들으시는 줄을 내가 알았나이다 그러나 이 말씀 하옵는 것은 둘러선 무리를 위함이니 곧 아버지께서 나를 보내신 것을 그들로 믿게 하려 함이니이다 이 말씀을 하시고 큰 소리로 나사로야 나오라 부르시니."

359 11월 12일 (민 20:10; 시 106:33)

반석에서 물을 내랴

하나님은 자녀 된 우리에게 입술의 권세를 주셨다. 그런데 우리는 화가 나면 함부로 말하게 되는데, 오늘도 분위기를 흐리는 아이에게 말을 심하게 한 것 같아 마음이 아프다.

회개합니다.

"모세와 아론이 회중을 그 반석 앞에 모으고 모세가 그들에게 이르되 반역한 너희여 들으라 우리가 너희를 위하여 이 반석에서 물을 내랴 하고 이는 그들이 그의 뜻을 거역함으로 말미암아 모세가 그의 입술로 망령되이 말하였음이로다."

360 11월 13일 (잠 4:20-22, 3:8)

네 귀를 기울이라

선택 강좌 강의가 있는 날이다. 일주일 내내 이날을 위해 기도하고 정성껏 자료를 준비하게 되는데, 다들 어찌나 영적으로 열려 있는지 친가족들처럼 마음이 따뜻하고 예쁘다. 오늘도 하나라도 더 알고 싶어

목말라 하시는 소중한 분들을 생각하면서 하나님께서 창세 전부터 선물로 예비하신 귀한 만남에 대해 깊은 감사를 드리며 강의실로 갔는데, 세상에 목사님께서 미리 나오셔서 수업하기 좋게 책상 정리며 주변 도구를 챙겨 주시는 말도 안 되는 일을 하고 계셨다. 심방이 있어서 강의를 듣지 못해 기도도 해주실 겸 일찍 오셨다는데, 모든 권위를 내려놓고 예수님 닮아 섬기는 천국에서의 삶을 미리 보는 듯했다.

조금 있으니 항상 밝게 웃고 있어서 정말 나이가 몇인지 알 수 없을 정도로 젊고 상냥한 집사님이 오셨다. 이분은 가정폭력 상담 전문가로 12년을 일하셨는데, 일선에서 온전히 그리스도를 전파하며 사랑을 실천하고 있다. 상담하기 전에 철저히 기도로 준비하는데, 하나님께서 완전히 그 일에 개입하고 계심을 주변 사람을 통해 눈으로 보며 체험하고 계신다고 했다. 힘든 과정에서도 하나님께서 허락하신 귀하고 소중한 한 가정 한 가정을 화합하며 세워 가는 것으로 주의 사명을 감당하는데, 군사 같은 믿음이 없이는 감당하기 어려운 교구장 일까지도 겸하고 있다.

전주안디옥교회는 위로 목사님에서부터 평신도까지 모두가 소리 없이 예수님께 접붙여서 포도나무 가지로 살아가기에, 정말 혼탁한 세상 속에서도 빛이 나는 교회다.

"내 아들아 내 말에 주의하며 내가 말하는 것에 네 귀를 기울이라 그것을 네 눈에서 떠나게 하지 말며 네 마음속에 지키라 그것은 얻는 자에게 생명이 되며 그의 온 육체의 건강이 됨이니라 이것이 네 몸에 양약이 되어 네 골수를 윤택하게 하리라."

361 11월 14일 (암 9:13-15)

다시 뽑히지 아니하리라

몇 년 전에 '에스라 하우스'의 노우호 목사님 강의에서 1967년에 일어난 이스라엘의 6일 전쟁에 관하여 들었는데, 바로 엊그제 들은 것처럼 생생하다. 이스라엘이 미국의 후원을 받아 국력이 자꾸 강성해지니 아랍 국가들이 단합해서 이스라엘을 공격했고, 그 당시 '골다메이어'라고 하는 여자 수상과 한쪽 눈의 '모세다이안'이라고 하는 국방장관이 미리 정보를 입수하고 서로 힘을 합쳐 미국을 돌면서 연설을 하여 미국에 있는 부자 유대인에게 엄청난 후원금을 얻게 되었고, 그 돈으로 최신식 무기들을 준비했다고 한다. 문제는 아랍이 안식일에 공격해 왔는데, 모두 지하실에 들어가 숨을 죽이고 그날이 지나가기만 기다리다 토요일 6시가 되자 전국에 사이렌이 불고 약속이나 한듯 숨어 있던 사람들이 전부 나와서 일사불란하게 극장, 학교, 공회 등 관공서 같은 곳에 줄을 섰고 바로 전쟁터에 보내려 피를 뽑기 시작했다. 다음 안식일이 오기 전에 전쟁을 끝내려 했기에 무기를 아끼지 않고 맹공격을 했다. 결국 이 6일 전쟁은 이스라엘의 승리로 끝났으며 오히려 수에즈 운하, 요단 동편, 골란 고원까지 다 빼앗고 아랍은 6일 만에 손들어 버렸다고 한다. 세계에서 몰려든 특파원들에게 모세다이안은 이렇게 말했다. "이번 전쟁의 승리 비결은 우리가 신무기를 개발해서 출정식 하는 날, 이 비장의 신무기를 병사들 호주머니에 넣어 주었기 때문입니다." 그것은 바로 아모스 9장 13-15절 말씀이었는데, 모든 정규 방송을 중단하고 이것만 낭독하고 있었다고 한다. 모세다이안이 이것을 읽어 주었다. "병사들이여, 두려워 말라. 여호와께서 너희와 함께하시느니라."

> "여호와의 말씀이니라 보라 날이 이를지라 그때에 파종하는 자가 곡식 추수하는 자의 뒤를 이으며 포도를 밟는 자가 씨 뿌리는 자의 뒤를 이으며 산들은 단 포도주를 흘리며 작은 산들은 녹으리라 내가 내 백성 이스라엘이 사로잡힌 것을 돌이키리니 그들이 황폐한 성읍을 건축하여 거주하며 포도원들을 가꾸고 그 포도주를 마시며 과원들을 만들고 그 열매를 먹으리라 내가 그들을 그들의 땅에 심으리니 그들이 내가 준 땅에서 다시 뽑히지 아니하리라 네 하나님 여호와의 말씀이니라."

362 11월 15일 (호 14:9)

여호와의 도

이찬수 목사님의 《붙들어 주심》이라는 감사와 은혜가 쏟아지는 귀한 책과 《알이랑》이라고 하는 책을 선물로 받게 되었다. 받자마자 두 권을 동시에 읽어 내려갔는데, 그중 《알이랑》책은 그동안 내가 알고 있었고 또 궁금했던 역사 지식과 딱 맞아떨어졌다.

'알'은 '하나님', '이랑'은 'with'의 뜻이다. 에벨의 아들은 벨렉과 욕단인데(창 10:25), 벨렉은 셈의 후예가 되고 욕단은 우리나라의 시조 단군이 되었다. 이것이 역사적 보물로 감추어진 동방의 고요한 아침의 나라 비밀인 것이다. 또한 우리나라 꽃인 무궁화는 샤론의 장미로 예수님을 상징하며, 천신께 유일신을 섬기는 배달 겨레, 백의민족 속에 놀라운 비밀이 숨겨져 있는데, 삼국시대 때 불교가 들어와 결국 발해를 빼앗기게 되고, 고려의 숭불정책으로 몽고의 침입을 받고, 조선의 유교사상으로 일제 36년의 아픔을 겪게 되었다. 그 뒤 놀랍게도 고조선 때에 섬기던 유일신 하나님께 대한 기독교가 회복되었고, 100년 만에 불같이 성장하게 되었으며, 오늘날 우리에게 부여된 사명이 무엇인지를 담고 있는 놀라운 내용이었다.

또 이찬수 목사님의 《붙들어 주심》이라는 책을 통해 룻기를 재조명하게 되었다. 우리에게 주시는 하나님의 은혜는 고난 가운데 방향을 전환하였더니 풍요의 선물이 있었고, 또 인내로 소망을 두고 계속 달려 나갔더니 사람을 통해 역사하시는 하나님의 뜻을 알게 되었으며, 룻기 2장의 풍요로움에 만족하지 말고 3장과 4장으로 진입하는 하나님의 은혜에 목마른 영혼들이 되기 위해 영적 포만감을 경계하며, 궁극의 목표인 하나님 나라를 지향하는 꿈을 꾸라는 메시지로 다시 한 번 경각심을 주었다.

"누가 지혜가 있어 이런 일을 깨달으며 누가 총명이 있어 이런 일을 알겠느냐 여호와의 도는 정직하니 의인은 그 길로 다니거니와 그러나 죄인은 그 길에 걸려 넘어지리라."

363 11월 16일 (시 100편)

온 땅이여

벌써 겨울이 성큼 다가왔는지 날씨가 갑자기 추워졌다. 추울 때면 항상 새벽예배 생각이 먼저 난다. 새벽 찬양대는 음악성보다도 믿음이 우선시되기에 나이 드신 신실한 권사님들이 많이 계신다. 찬바람에도 끄떡없으시길 간절히 기도해 본다.

"온 땅이여 여호와께 즐거운 찬송을 부를지어다 기쁨으로 여호와를 섬기며 노래하면서 그의 앞에 나아갈지어다 여호와가 우리 하나님이신 줄 너희는 알지어다 그는 우리를 지으신 이요 우리는 그의 것이니 그의 백성이요 그의 기르시는 양이로다 감사함으로 그의 문에 들어가며 찬송함으로 그의 궁정에 들어가서 그에게 감사하며 그의 이름을 송축할지어다 여호와는 선하시니 그의 인자하심이 영원하고 그의 성실하심이 대대에 이르리로다."

364 11월 17일 (눅 2:37)

금식과 기도

올해 아흔을 바라보시는 시어머니께서 돌잔치에 초대되었다가 아무것도 드시지 못하고 허기진 채로 돌아오셨다. 궁금해서 여쭤 보니 발가락이 너무 아파 아무것도 먹고 싶지 않고, 오직 집에 와서 쉬고 싶었다고 하신다. 일단 식사를 준비해 드리고 간절한 마음으로 어머니 발을 조심스레 감싸 쥐고 기도하기 시작했다. 눈물로 내 부족함부터 회개가 되었다. 한참이 지나자 내 손이 불같이 뜨겁게 변해 있었고, 어머니께선 그날 저녁 아주 편안한 단잠을 주무셨다.

"과부가 되고 팔십사 세가 되었더라 이 사람이 성전을 떠나지 아니하고 주야로 금식하며 기도함으로 섬기더니."

365 11월 18일 (유 1:20-21)

긍휼을 기다리라

우리 교회에서는 날마다 큐티로 생명을 나누길 강조하고 있다. 그래서 열린 구역장들은 그룹 지어 일주일 동안 했던 큐티를 나누며 중보기도 하는 시간을 갖고 있다. 두 달에 한 권씩을 하는데, 저번 큐티는 신약을 통틀어 정리한 내용이었고 이번엔 구약을 정리해 가는 내용이다. 큐티 시간은 말씀을 통해 우리를 부르시며 우리에게 알게 하시는 하나님의 마음과 우리에게 주시는 삶의 적용이 무엇인지를 바로 깨닫게 해주는 시간이 된다.

오늘 새벽엔 또 하나 귀한 일이 벌어졌다. 몇 년 전부터 하나님께서 꿈과 환상을 정기적으로 보여주심으로 앞으로 내가 해야 할 사역을 알게 하셨는데, 보여주실 때마다 꼭 사모님과 함께 엮이고 있었다. 그것을 놓고 늘 소망과 설렘으로 지금까지 기도해 왔다. 그런데 오늘 새벽예배를 마치고 성령님 중보기도 시간이 되었는데, 사모님께서 그 날그날 받은 말씀을 암송으로 세 번 정도 큰 소리로 낭송하고 사람들이 그 말씀을 붙잡고 기도에 들어가면 좋겠다고 하셨다. 두렵고 떨리는 마음으로 소중히 아껴 오던 이 유다서 말씀과 하박국, 스바냐, 말라기 3장 17절 말씀을 암송했다.

이 책을 쓰게 하시고 또 이 책의 내용으로 1년 열두 달 많은 사람 앞에서 암송하며 선포해서 그들의 영혼을 살리는 양식이 되게 하시고, 부족한 저를 도구로 사용하시며 또 준비하게 하시고 마음껏 기름 부으시는 하나님의 은혜에 다시 한 번 감사를 올립니다.

"사랑하는 자들아 너희는 너희의 지극히 거룩한 믿음 위에 자신을 세우며 성령으로 기도하며 하나님의 사랑 안에서 자신을 지키며 영생에 이르도록 우리 주 예수 그리스도의 긍휼을 기다리라."

366 11월 19일 (창 39:21, 23)

동행과 형통 그리고 섭리

새벽 기도회 때 암송하며 말씀 선포하는 사역을 하게 하시는 것으로 드디어 365일 프로그램이 끝이 났다(실제 366일). 일을 행하시며 성취하시는 살아 계신 아버지께 먼저 영광을 올립니다. 이제 또 교육 프로그램으로 말씀을 노래로 암송하는 것도 일선에서 직접 해본 결과 기대 이상으로 효과가 있으니, 앞으로 어떻게 펼치실지 참으로 기대가 된다.

처음엔 1년 모든 내용을 언제든 입에서 흘러나와 주의 나라를 확장해 가는 데 밑거름이 될 목적으로 하나 둘씩 시작했던 것이, 이곳에 있는 모든 말씀들을 다 동요나 찬양에 맞춰 고유 번호를 매겨 암송하여 부르다 보니 모두 423곡이 되었고 책 한 권을 모두 어렵지 않게 외우게 되었다. 그야말로 보물이 되었다. 말씀의 본체이신 주께 올리는 영광이 사다리를 타고 오르락내리락하는 천사들의 합창과 경배가 되었다. 오~~ 놀랍다! 정말 그냥 외우면 잊혀지기 쉬워 아무리 열심히 해도 시간이 지난 것들은 잊혀져 스트레스를 받았었는데, 이렇게 암송하다 보니 잊혀지지도 않고 깊이 새겨져 말씀이신 하나님의 그 간절한 사랑의 마음을 아주 조금이나마 공유할 수 있게 되었다.

자~ 이제 내일은 그다음 작업으로 개역한글을 개역개정으로 수정하며 다듬은 다음, 언약의 말씀을 붙잡고 기도로 준비하며 출판사에 넘겨야 될 것 같다. 하나님께서 기뻐하실 것을 생각하니 절로 신이 나서 자리에 누워도 좀처럼 잠이 오질 않는다.

날마다 인치시며 보증으로 성령을 허락하셔서 이 글을 쓰게 하신 하나님께 다시 한 번 감사에 감사를 올립니다. 할렐루야!

"여호와께서 요셉과 함께하시고 그에게 인자를 더하사 간수장에게 은혜를 받게 하시매 간수장은 그의 손에 맡긴 것을 무엇이든지 살펴보지 아니하였으니 이는 여호와께서 요셉과 함께하심이라 여호와께서 그를 범사에 형통하게 하셨더라."

달려라, 암송열차

2014년 8월 1일 인쇄
2014년 8월 5일 발행

지은이 | 김은경
발행인 | 이형규
발행처 | 쿰란출판사

주소 | 서울특별시 종로구 이화장길 6(이화동)
TEL | 02-745-1007, 745-1301, 747-1212, 743-1300
영업부 | 02-747-1004, FAX / 02-745-8490
본사평생전화번호 | 0502-756-1004
홈페이지 | http://www.qumran.co.kr
E-mail | qrbooks@daum.net
qrbooks@gmail.com
한글인터넷주소 | 쿰란, 쿰란출판사

등록 | 제1-670호(1988.2.27)

책임교열 | 박은아 · 신영미

값 12,000원

ISBN 978-89-6562-632-9 03230